令和**6**年度版

コンピュータ会計 初級

テキスト・問題集

弥生会計 24 プロフェッショナル

JN098083

実教出版

学習を始める前にお読みください

学習の準備・手順

本書は，弥生株式会社の財務会計ソフト「弥生会計 24 プロフェッショナル」を利用しながら学習します。学習を始める前に以下について確認し，該当ページの手順に従い準備してください。
※体験版やダウンロードなどについては，220ページの「学習の準備」を必ずご確認ください。

本書

コンピュータ会計　初級テキスト・問題集

弥生会計 24 プロフェッショナル
学習用体験版　　　※1
<Windows 11 / 10>

1 ダウンロード ……………………… ▶**P220 参照**

弥生株式会社のホームページからダウンロードします。

2 インストール

①でダウンロードした[YAC24P300000TK180.exe]をダブルクリックし，画面に従ってインストールを完了します。

学習用データ
解答・解説(PDF)

1 ダウンロード ……………………… ▶**P220 参照**

弥生株式会社のホームページからダウンロードします。

2 zip形式ファイルの解凍 ………… ▶**P221 参照**

※1：すでに弥生会計 24 プロフェッショナルの製品版がインストール済の場合は不要です。

●本書の各章で使用する学習用データ，解答・解説(PDF)は，次の通りです。

- 第2章…「株式会社ラフィオーレ2章(4期)」
  「フローラ食器株式会社2章練習問題(20期)」
- 第3章…「株式会社ラフィオーレ3章(4期)」
  「株式会社ラフィオーレ3章練習問題(4期)」
- 第4章…「株式会社ラフィオーレ4章(4期)」
  「株式会社ラフィオーレ4章解答(4期)」

- 第5章…「株式会社ラフィオーレ5章(4期)」
  「株式会社ラフィオーレ5章解答(4期)」
  「株式会社ラフィオーレ5章練習問題(4期)」
- 第6章…「株式会社ラフィオーレ6章(4期)」
- 解答・解説…「初級テキスト・問題集_解答・解説」pdf

はじめに

本書は,「Yayoi education support program」=弥生スクールの教育プログラムにもとづく「初級」のテキストです。この教育プログラムの開発にあたって,「あるレベルの職務をこなすのに,どの程度の専門知識とオペレーション能力が必要なのか」を調査検討する協議会を発足させ,実務におけるスキルを精査して,スキル開発の客観的なフレームワークを構築しました。

弥生スクールの教育プログラムは,教育現場と会計実務担当者,そして会計ソフトウェアベンダがコラボレーションを組み,新しい会計実務教育を教育現場へ段階的に導入するための教育支援プログラムです。

会計情報システムを理解して活用する能力,そこに集約された情報を分析し,的確な将来情報を経営管理者へ提供しうる能力の育成を目標にしています。このようなスキルをそなえた人材を育成するスタート・プログラムが,本書「初級」の位置づけです。

教育プログラム「初級」の内容は,簿記会計の基本と会計ソフトの特徴を理解し,基本操作によって日常処理ができるスキルです。

令和4年度から年次進行で実施されている高等学校の新学習指導要領（商業編）では,コンピュータを活用した会計処理の普及に伴う実務の変化を踏まえ,会計分野の学習内容である「簿記」の科目に会計ソフトウェアの活用に関する指導項目が取り入れられました。

まさに,「会計ソフトウェアを活用して効率的な取引の記録と財務諸表の作成を行う方法について,基礎的な活用方法に関する実習を取り入れる。」という指導項目に一致しています。

また,本書は,会計分野の科目「簿記」だけではなく,分野共通の科目「課題研究」における「産業現場等における実習」や「総合実践」における「会計に関する実践」などの指導項目に展開することも可能です。

本書の入力練習は,消費税率10％（国税7.8％,地方消費税率2.2％）を前提に編集されていますが,証ひょう類などの表記について実際と異なる場合があることを申し添えます。

また,入門テキストであることを考慮して軽減税率（8％）の取引は,練習問題にも解答・解説をつけました。本書によってコンピュータ会計の学習の第一歩を踏み出したみなさんが,将来,多くの企業から求められる人材として,ご活躍されることをお祈りいたしています。

弥生スクール

プロジェクト・メンバー 一同

もくじ

練習問題

第 **2** 章 | 会計ソフトの操作

第3章 企業の業務と会計処理

もくじ

練習問題

第4章 会計データの入力処理と集計

1 証ひょうによるデータ入力 ……………………………………………… 136

2 残高のチェック ……………………………………………………………… 171

第5章 会計情報の活用

1 会計データの集計と活用 ………………………………………………… 180

2 月次決算の会計処理（進んだ学習） …………………………………… 186

もくじ

練習問題

第6章 入力練習 (ラフィオーレ第4期 5月度)

■学習の準備

第 *1* 章　企業活動と会計処理

経理・会計業務の第一歩は、「お金」の動きを記録・計算・集計することです。記録するルール, 計算・集計する手続き, そして集計された結果（＝会計情報）をどのように利用するのかを学びます。この章で会計ソフトのイメージや特徴を確認してみましょう。

第 1 章 企業活動と会計処理

1 企業の経営活動と利益の計算

企業は，株主（投資家），他の企業，そして銀行（投資会社）などから一定の資金を集め，「人」「もの」「サービス」「情報」へ投資します。「もの」を購入して販売する，「もの」を生産して販売する，または「サービス」を販売することで，投資した以上のお金を回収するために努力しているところが企業です。

企業は，このような経営活動によって投資した以上の資金を回収し，最終的には利益（もうけ）を獲得することを目的の1つとしています。企業は，購入（購買）・生産（サービス）・販売などの諸活動の過程で，備品・設備を購入し，諸経費を支払い，従業員を採用して給与や賞与を支給し，そして，借り入れた資金を返済します。獲得した利益から税金を納付し，株主などに配当金を分配します。さらに，企業は，将来へ向けて開発などの投資を決定しなければなりません。集めた資金で「人」「もの」「金」「情報」という経営資源を有効に活用しなければ，付加価値の高い製品や，商品・サービスを提供し続けることはできないのです。

企業の経営者は，経営資源を有効に活用して効率的な経営を行うために，今どのくらい経費や人件費が発生しているか，備品・設備への投資額や獲得した利益額はどのくらいか，などの財政状態を正しく把握する必要があります。

そのためには，経営活動を「お金の動き（貨幣金額）」として測定・記録し，集計・評価する仕組みづくりが不可欠です。現場の業務と会計処理が結びついた仕組みこそが，経営者に対して将来の意思決定に有用な情報を提供できるのです。

▶ (1) 企業における業務

企業における業務は，いくつかに分類することができます。考え方によって多少の違いがありますが，大きく3つの分野に分けることができます。

1つは，企業の活動をイメージすればわかるように，仕入（生産）から販売までの業務です。つまり，購入（購買）・生産（サービス）・販売などの物流系の業務です。次に，それらを支えている従業員の給与計算や人材管理を担っている人事系の業務です。そして，これらの業務の流れを貨幣金額として把握する会計系の業務の3つです。

（企業の業務をイメージすると下記のような図として説明できます。）

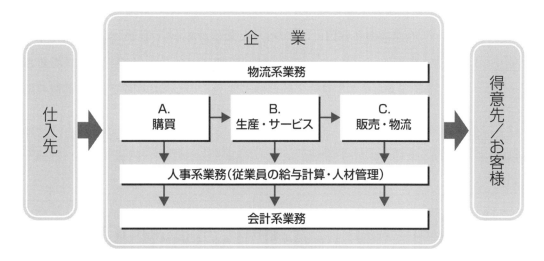

A．商品や部品・原材料を購入する（＝購買）

B．材料を加工して製品を作る（＝生産）／便利なサービスを考え出す

C．商品や製品，サービスを販売店や消費者へ販売する（＝販売・物流）

①各業務システムと会計業務システム

　物流系業務と人事系業務には，貨幣金額に表すことができない有用な情報があります。経営の意思決定には，これらの会計情報以外の資料や情報も必要であり，これらを測定・記録して集計・評価する仕組みが，物流や人事の業務システムです。

　また，会計系業務は，諸活動を貨幣金額として会計処理（記録・計算・集計）し，企業を取り巻く利害関係者（株主，投資家，債権者，取引先など）に対して企業の業績や財政状態を報告する役割を担っています。

　各業務システムや会計業務システムは，「基幹業務システム」と呼ばれることがあります。業務の効率化，管理資料の自動化，そして，決済書類や保守管理の簡素化のためには，各システムが単体で動作するのではなく，タイムリーなデータのやり取りによって情報が一元管理されることが望ましいです。

②基幹業務システムのイメージ

　企業の基幹業務を理解するためには，企業における業務内容をイメージすることが大切です。企業内の各部門にはどのような業務があって，誰がどんな情報を求めているのか。そして，各部門で必要とされている情報管理は何なのか。という視点で考えてみましょう。

　基幹業務とそのプロセスをイメージしたものが，次の図です。各部門の説明は，次のテーマで取り上げましょう。

〈基幹業務システム〉

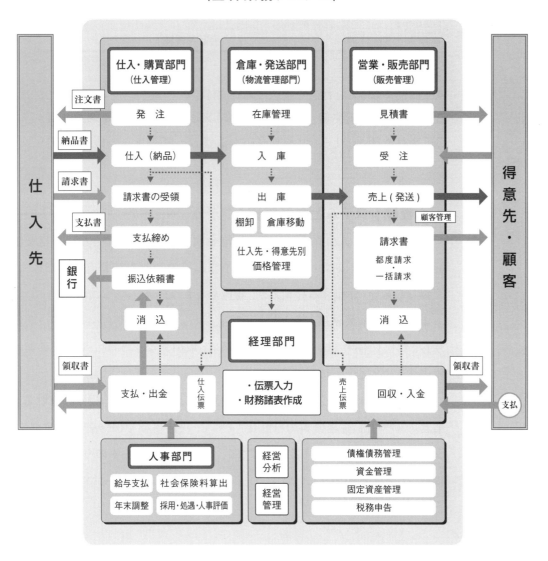

③基幹業務の内容───────────────

　仕入・購買部門では，仕入先の名称・住所などの一般情報，取引銀行や支払条件などの仕入管理に必要な情報を管理します。商品を発注する際に注文書を作成し，納品・検収後に仕入伝票を起票します。また，買掛金の支払管理や出金伝票の作成（振込依頼書の作成）などは，経理部門と情報を共有します。

　倉庫・発送部門である物流管理では，入出庫の管理を通して在庫管理，棚卸調整，商品・製品の倉庫移動の管理や仕入先・得意先別価格管理などを行うことも可能です。

　営業・販売部門では，得意先の名称・住所などの一般情報，受注や出荷などの販売管理に必要な情報を管理します。また，売掛金の管理に必要な請求書の発行や入金にもとづく売掛金の消し込みなどは，経理部門と情報を共有します。販売戦略を策定するためにシステムを活用して，顧客データを詳細に管理・分析する場合も多くあります。

　経理部門では，各業務部門から必要なデータを受け取り，伝票入力を経て決算書などの財務諸表を作成します。この会計データにもとづいて法人税額や消費税額を算定します。また，会計システムから集計・分析されたデータにもとづいて将来の経営計画を策定します。その他，入出金の資金管理，固定資産の管理，債権債務の管理などを経理部門として行うこともあります。

　最後に，人事部門では，従業員に関する採用，労務，賃金給与体系などの処遇，人事評価などを管理します。また，従業員の給与計算のために，労働日数・時間の管理，社会保険料の算定，所得税に関する計算情報を経理部門へ提供します。

④会計系の業務内容───────────────

　会計系の業務内容について，確認してみましょう。

　会計系の業務は，各業務部門からの情報の提供を受けて，仕入高，売上高の伝票入力や仕入先への代金支払，諸経費の支払，給与の支給，社会保険料，各種税金の納付など，さまざまな業務があります。これらを会計処理することにより決算書を作成し，資金の管理を行うとともに，証ひょう類や帳簿類の保存により決算書の真実性を裏づけることになります。

出納（すいとう）業務

出納とは，お金等の出し入れのことを意味します。いつ・誰に・何のために・いくら支払ったか（受け取ったか），という実際の入金・出金を管理します。

銀行へお金を預けたり・引き出したりするのも出納業務となります。

証ひょう等の整理・保管業務

証ひょうとは，領収書や納品書，請求書などのことです。取引の証拠書類となるこれらの書類を管理することは，大変重要な業務です。日付順につづり，長期間保存することが義務づけられています。

記帳業務

記帳業務とは，証ひょう等の資料から取引を判断し，伝票や簡易帳簿（仕訳帳）に取引を記帳する業務です。コンピュータを用いてデータを入力すれば，自動的に帳簿記入が完了します。

決算報告業務

決算報告業務とは，投資をしている株主（投資家）や資金を借り入れている債権者などの企業外部者に対して，定めた期間の財政状態や経営成績を報告する業務です。

実際には，会計ソフトにより決算書が自動的に作成されますので出力することになります。

また，企業の内部では，これらの経営成績の資料にもとづいて，将来の方向性を決めることになります。

給与計算業務

従業員の月々の給料の計算や従業員から預かる所得税・住民税・社会保険・労働保険の計算，そして，納付に関する業務です。

税務の申告業務

法人税などの税金の申告・納付に関する業務です。企業は，法人税などの税金を申告・納付します。そのために決算書をもとに税務申告書を作成しなければなりません。専門家である税理士と相談しながら進めるケースが多いようです。

資金管理・経営管理の業務

資金管理とは，将来の入金・出金予定を管理する業務です。資金の不足が予想された時は，資金を調達しなければなりません。

また，経営管理とは，会計情報を分析し，将来の経営に関する意思決定をサポートする業務です。

業務の記録

帳簿記入のルールに
従って
取引（お金の動き）の
記録・計算・集計

現金の出納

①お金の出し入れ

②証ひょうの確認保管

③伝票・帳簿の記録

④実際の残高の確認

⑤照合

出納業務

給与計算
税務申告

決算報告

資金管理
経営管理

従業員の給料計算

社会保険・源泉徴収など
の計算・納付

納める税金の計算

法人税・法人事業税など
の税金の申告と納付

資金の流れをチェック

資金繰り表やキャッシュ・
フロー計算書にもとづいて
資金計画の立案

経営の管理

会計情報やその他の情報に
もとづいて経営状態を分析
して, プロジェクト投資案の
検討, コストの管理

企業の経営状況

①貸借対照表を作成して,
財政状態の把握

②損益計算書を作成して,
経営成績の把握

③キャッシュ・フロー計算書
を作成して,
資金増減の把握

▶(2) 貸借対照表と損益計算書

　簿記・会計は，毎日の「金」の流れを記帳のルールに従って記録・計算・集計する一連の処理手続です。その結果として，経営の意思決定に必要な各資料を作成することができます。

　企業の主な決算書（財務諸表）には，企業の財政状態を表す貸借対照表や経営成績を表す損益計算書があります。

①貸借対照表の仕組み

　貸借対照表は一定時点の財産の残高を示す一覧表で，お金をどこから調達して，どのように運用しているかを説明しています。貸借対照表は，大きく3つのパートに分けられます。企業の財産（資産／運用のしかた）とそれを入手した資金の種類（負債・資本／調達の源泉）を示す報告書です。資産の合計は，必ず 負債と資本の合計と一致します。

残高試算表：貸借対照表

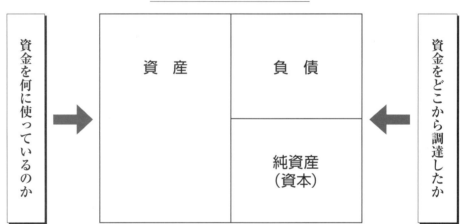

資　　　　　産：現金や有価証券, 備品などや商品を販売して後日に代金を受け取ることができる売掛金（債権）などです。
負　　　　　債：商品を仕入れ, 後日に代金を支払う買掛金や借入金（債務）などです。
純資産(資本)：株主からの払込金などです。

会計ソフトの貸借対照表（要約）

残高試算表：貸借対照表
20XX年 4月30日

借　方	金　額	貸　方	金　額
現金・預金合計	9,526,012	仕入債務合計	5,987,575
売上債権合計	6,831,055	他流動負債合計	1,414,166
有価証券合計	0	流動負債合計	7,401,741
棚卸資産合計	3,432,775	固定負債合計	1,520,503
他流動資産合計	250,000	負債合計	8,922,244
流動資産合計	20,039,842	資本金合計	10,000,000
有形固定資産合計	1,581,152	資本剰余金合計	0
無形固定資産合計	0	当期純損益金額	1,715,628
投資その他の資産合計	2,000,000	繰越利益剰余金合計	4,698,750
固定資産合計	3,581,152	利益剰余金合計	4,698,750
繰延資産合計	0	自己株式合計	0
		株主資本合計	14,698,750
		純資産合計	14,698,750
資産合計	23,620,994	負債・純資産合計	23,620,994

資　　　産 ：	資金をどのように使用（運用）しているかを表しています。
負　　　債 ：	借り入れなどで返済が必要な資金を表しています。
純資産（資本） ：	株式の発行などで株主から払い込まれた資金を表しています。

②損益計算書の仕組み

損益計算書は，一定期間の収益と費用の対応から利益がどのように生み出されてきたかを示す報告書です。

損益計算書は，商品などを販売して手にしたお金である「収益」と，販売するために消費した「費用」に分けられます。その「収益」と「費用」とを比べて「収益」が多い場合は，その差額が「利益」となります。「費用」が多い場合は，「損失」になります。

残高試算表 ： 損益計算書

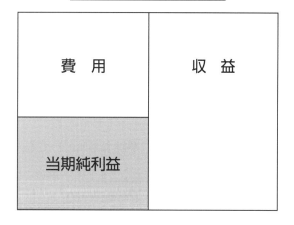

会計ソフトの損益計算書（要約）

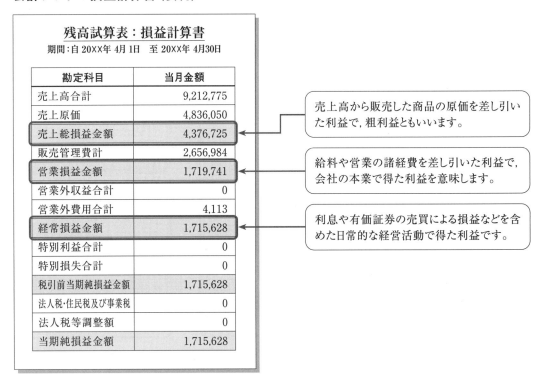

残高試算表：損益計算書 期間：自 20XX年 4月 1日　至 20XX年 4月30日	
勘定科目	当月金額
売上高合計	9,212,775
売上原価	4,836,050
売上総損益金額	4,376,725
販売管理費計	2,656,984
営業損益金額	1,719,741
営業外収益合計	0
営業外費用合計	4,113
経常損益金額	1,715,628
特別利益合計	0
特別損失合計	0
税引前当期純損益金額	1,715,628
法人税・住民税及び事業税	0
法人税等調整額	0
当期純損益金額	1,715,628

売上高から販売した商品の原価を差し引いた利益で，粗利益ともいいます。

給料や営業の諸経費を差し引いた利益で，会社の本業で得た利益を意味します。

利息や有価証券の売買による損益などを含めた日常的な経営活動で得た利益です。

会計ソフトでは，次のように利益と損失の両方を意味する表示になっています。

・売上総利益金額・売上総損失金額　→　売上総損益金額

・営業利益金額・営業損失金額　→　営業損益金額

・経常利益金額・経常損失金額　→　経常損益金額

・税引前当期純利益金額
　税引前当期純損失金額　→　税引前当期純損益金額

・当期純利益金額
　当期純損失金額　→　当期純損益金額

▶ (3) 資金の計算（キャッシュ・フロー計算書）

　資金の計算とは，「お金のやりくり」という意味です。たとえば，1ヵ月後に100万円の支払が予定されていた時，まちがいなく払うことができるかを確認します。つまり，現在の資金の有高，入金予定と出金予定を計算して資金の過不足を確認します。

　帳簿記入のルールに従って計算された利益と実際のお金の流れには，「ずれ」があります。商品を販売し，代金を後日に回収する場合，帳簿上は「収益」を計算してますが，実際には現金を手にしていません。

　このように，帳簿上は「利益」が計算されていても，手もとに現金がないため，支払期日に支払うことができないで倒産することを「黒字倒産」と呼びます。

2 会計処理の基本

▶(1)取引と勘定科目

　「金」や「もの」が動いた時に,「取引」として帳簿に記録します。たとえば,契約を結んだり商品を発注するだけでは「金」や「もの」が動きませんので,取引となりません。反対に,現金が盗難にあったり,建物が火災で焼失した場合は,取引の発生として記録します。簿記・会計は,会社の経営活動を効率よく記録・計算し,結果としての成績や財政の状態を数値でまとめることが目的の1つです。

　複式簿記による帳簿記入のルールについて,確認しましょう。

　家計簿やこづかい帳のように,現金,預金の増加・減少だけを簡単に記入する方法では,「なぜ現金が増えたのか,なぜ預金が減少したのか」を説明する文章が必要です。

　そこで,1つの取引(「金」や「もの」の動き)を事実の発生(原因)とその結果に分けて記録する方法があります。この記帳方法を「複式簿記」と呼びます。

　複式簿記では,「金」や「もの」の動いた1つの取引を原因と結果に分けて考え,ふたつの側面で記帳します。「何かが増えたのは,なぜか。」,「何かが減ったのは,なぜか。」と考えながら,記録します。この記録・計算を行うために設けられた簿記上の区分を「勘定」と呼び,その勘定につけられた名称を「勘定科目」といいます。取引をふたつの側面に分解し,項目を「左」と「右」に分けて記帳することから「仕訳」と呼び,勘定(口座)の左側を「借方」,右側を「貸方」といいます。

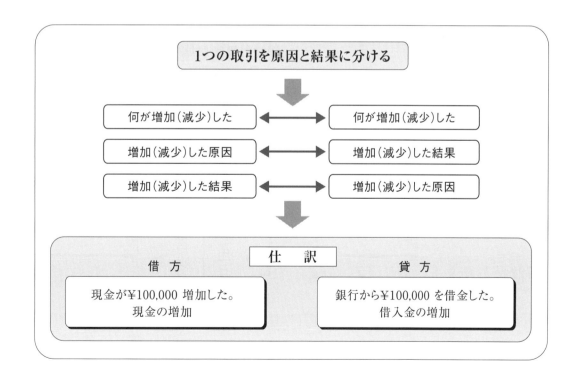

貸借対照表に属する勘定

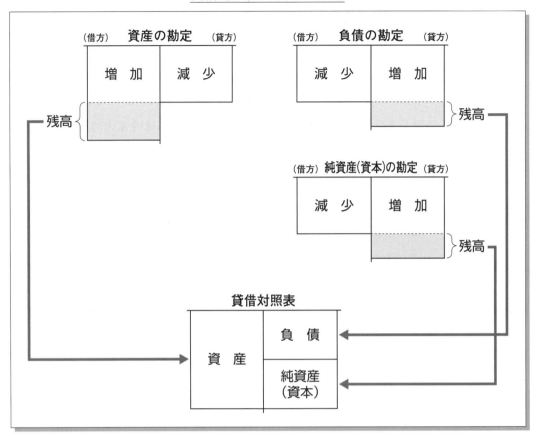

・資産に属する勘定科目が増加した場合は借方に，減少した場合は貸方に記入します。
・負債と純資産に属する勘定科目が増加した場合は貸方に，減少した場合は借方に記入します。

損益計算書に属する勘定

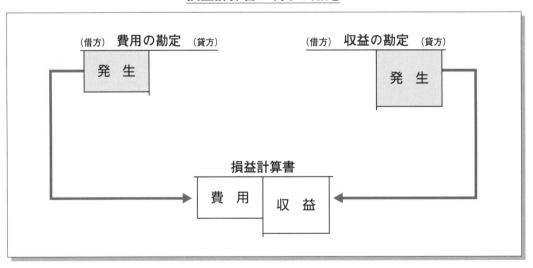

・収益に属する勘定科目が発生した場合は貸方に，取消された場合は借方に記入します。
・費用に属する勘定科目が発生した場合は借方に，取消された場合は貸方に記入します。

貸借対照表に属する各勘定科目

借　方	貸　方
資産の増加 ・現金の増加 ・普通預金の増加 ・売掛金の増加 ・貸付金の増加 ・建物の増加 ・備品の増加	**資産の減少** ・現金の減少 ・普通預金の減少 ・売掛金の減少 ・貸付金の減少 ・建物の減少 ・備品の減少
負債の減少 ・買掛金の減少 ・借入金の減少	**負債の増加** ・買掛金の増加 ・借入金の増加
純資産(資本)の減少 ・資本金の減少	**純資産(資本)の増加** ・資本金の増加

損益計算書に属する各勘定科目

借　方	貸　方
収益の取消 ・売上の取消(返品等) ・受取手数料の取消	**収益の発生** ・売上の発生 ・受取手数料の発生
費用の発生 ・仕入の発生 ・支払地代の発生 ・広告宣伝費の発生 ・通信費の発生 ・消耗品費の発生	**費用の取消** ・仕入の取消(返品等) ・支払地代の取消 ・広告宣伝費の取消 ・通信費の取消 ・消耗品費の取消

Step 1 資産, 負債, 純資産(資本), 収益, 費用は, 貸借対照表と損益計算書のどこに表示されているかを理解する。(借方ですか, 貸方ですか。)

Step 2 資産・負債・純資産(資本)・収益・費用の各勘定科目の左側(借方)と右側(貸方)は, どちらが増加で, どちらが減少かを理解する。(たとえば, 資産に属する勘定科目である「現金勘定」は, 左側(借方)が増加, 右側(貸方)が減少です。)

Step 3 それぞれの勘定科目は, どのグループに属しているのかを理解する。

▶ (2) 勘定の記入方法

　ここでは勘定の記入方法を学びます。

　例として,「銀行から50,000円を借り入れ, 現金で受け取った。」という取引について, 仕訳を考えてみましょう。

仕訳例①

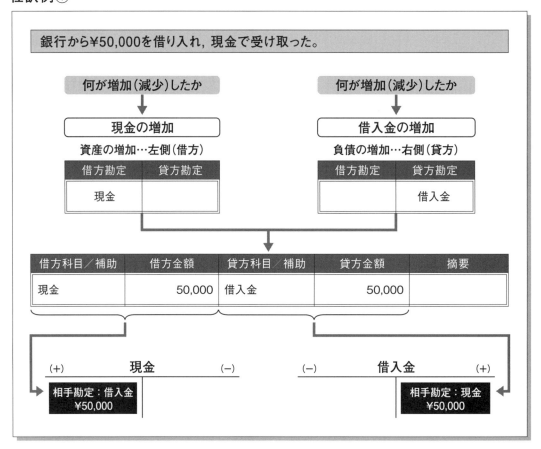

【仕訳の考え方】

① 資産, 負債, 純資産（資本）, 収益, 費用のうち, 2つの組み合わせとして何が増加・減少し, 何が増加・減少したのかを考えます。

　→ この事例では, 手元に現金が増加し, 銀行からの借入金が増加しました。

② 「現金」勘定は, 資産, 負債, 純資産（資本）, 収益, 費用のうちどれに属するか, を考えます。「借入金」勘定は, 資産, 負債, 純資産（資本）, 収益, 費用のうちどれに属するか, を考えます。

　→ 資産に属する「現金」の増加と負債に属する「借入金」が増加した取引であることが判明しました。

③ 資産に属する「現金」が増加したので借方に「現金」の勘定科目と金額を入力し, 負債に属する「借入金」が増加したので貸方に「借入金」の勘定科目と金額を入力します。これで, 仕訳が完成しました。

　科目ごとにその増減を記録・計算する帳簿上の場所（画面）を「勘定（口座）」と呼びます。仕訳データの入力によって現金勘定（口座）の借方と借入金勘定（口座）の貸方に相手勘定科目と金額が集計されます。

次に,「商品30,000円を売り上げ,代金は掛けとした。」という取引について,仕訳を考えてみましょう。

仕訳例②

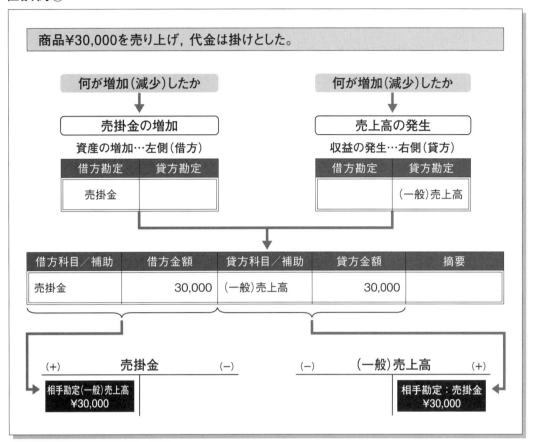

(注)「売掛金」とは,売上代金を後日に受け取る債権(資産)のことです。
(注)ショップでの小売販売と区別するために,本書では掛販売に「一般売上高」勘定を使用しています。

【仕訳の考え方】
① 資産,負債,純資産(資本),収益,費用のうち,2つの組み合わせとして何が増加・減少し,何が増加・減少したのかを考えます。
　→ この事例では,一般売上高が発生して,掛け代金を意味する売掛金が増加しました。
②「一般売上高」勘定は,資産,負債,純資産(資本),収益,費用のうちどれに属するか,を考えます。「売掛金」勘定は,資産,負債,純資産(資本),収益,費用のうちどれに属するか,を考えます。
　→ 収益に属する「一般売上高」の発生と資産に属する「売掛金」が増加した取引であることが判明しました。
③ 収益に属する「一般売上高」が発生したので貸方に「一般売上高」の勘定科目と金額を入力し,資産に属する「売掛金」が増加したので借方に「売掛金」の勘定科目と金額を入力します。これで,仕訳が完成しました。

　科目ごとにその増減を記録・計算する帳簿上の場所(画面)を「勘定(口座)」と呼びます。仕訳データの入力によって売掛金勘定(口座)の借方と一般売上高勘定(口座)の貸方に相手勘定科目と金額が集計されます。

▶ (3) 起票 (振替伝票)

　　取引の発生にともなって, 納品書や領収書などの証ひょう類が作成されます。証拠となる証ひょう類にもとづいて「仕訳」されます。会計の実務では, 伝票に記入されることが多いです。一般に, 仕訳を伝票に記入することを「起票」と呼びます。

　　会計ソフトの多くは, 振替伝票形式の入力画面でデータを入力しますので, ここでは, 入力準備として仕訳を確認します。データ入力方法は, 第2章の「3.会計データの入力」(P53)から学びます。

伝票形式の入力画面 (参考)

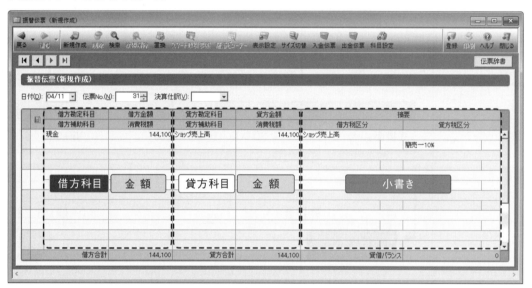

● 例 題 1 - 1　　　　　　　　　　　📖 P35　問題 1-1 ●

　　次の取引について, 振替伝票に起票 (仕訳を記入) してみましょう。

4月2日

《**取引**》現金 522,742 円を赤坂銀行の普通預金に預け入れた。

資産に属する「普通預金」が増加したので借方, 資産に属する「現金」が減少したので貸方に記入する。

4月3日

《**取引**》商品440,000円を㈱アンデスから掛けで仕入れた。

振替伝票

日付(D)：04/03

借方科目／補助	借方金額	貸方科目／補助	貸方金額	摘要

費用に属する「仕入高」が発生したので借方，負債に属する「買掛金」が増加したので貸方に記入をする。

4月5日

《**取引**》事務用品9,900円を現金で購入した。

振替伝票

日付(D)：04/05

借方科目／補助	借方金額	貸方科目／補助	貸方金額	摘要

費用に属する「事務用品費」が発生したので借方，資産に属する「現金」が減少したので貸方に記入する。

4月7日

《**取引**》商品1,100,000円を厚木産業㈱に掛けで売り上げた。

振替伝票

日付(D)：04/07

借方科目／補助	借方金額	貸方科目／補助	貸方金額	摘要

資産に属する「売掛金」が増加したので借方，収益に属する「一般売上高」が発生したので貸方に記入する。

4月10日

《**取引**》雑誌の掲載料187,000円を赤坂銀行の普通預金から振り込んだ。

振替伝票				
日付(D)：04/10				
借方科目／補助	借方金額	貸方科目／補助	貸方金額	摘要

費用に属する「広告宣伝費」が発生したので借方，資産に属する「普通預金」が減少したので貸方に記入する。

4月20日

《**取引**》本月分給料460,000円を現金で支払った。

振替伝票				
日付(D)：04/20				
借方科目／補助	借方金額	貸方科目／補助	貸方金額	摘要

費用に属する「給料手当」が発生したので借方，資産に属する「現金」が減少したので貸方に記入する。

《**取引**》上記の給与支払に対して，源泉所得税 42,000円を預かった。

振替伝票				
日付(D)：04/20				
借方科目／補助	借方金額	貸方科目／補助	貸方金額	摘要

資産に属する「現金」が増加したので借方，負債に属する「預り金」が増加したので貸方に記入する。

4月25日　《**取引**》中央産業㈱から売掛金1,232,000円を現金で回収した。

振替伝票

日付(D)：04/25

借方科目／補助	借方金額	貸方科目／補助	貸方金額	摘要

資産に属する「現金」が増加したので借方，資産に属する「売掛金」が減少したので貸方に記入する。

4月26日　《**取引**》アトラス㈱の買掛金330,000円を現金で支払った。

振替伝票

日付(D)：04/26

借方科目／補助	借方金額	貸方科目／補助	貸方金額	摘要

負債に属する「買掛金」が減少したので借方，資産に属する「現金」が減少したので貸方に記入する。

4月30日　《**取引**》事務所家賃220,000円を赤坂銀行の普通預金から振り込んだ。

振替伝票

日付(D)：04/30

借方科目／補助	借方金額	貸方科目／補助	貸方金額	摘要

費用に属する「地代家賃」が発生したので借方，資産に属する「普通預金」が減少したので，貸方に記入する。

取引を分解して示せば，次の通りです。

日付(D)：04/02

借方科目／補助	借方金額	貸方科目／補助	貸方金額	摘要
普通預金 赤坂銀行	522,742	現金	522,742	
資産の増加 ←→		資産の減少		

日付(D)：04/03

借方科目／補助	借方金額	貸方科目／補助	貸方金額	摘要
仕入高	440,000	買掛金 ㈱アンデス	440,000	
費用の発生 ←→		負債の増加		

日付(D)：04/05

借方科目／補助	借方金額	貸方科目／補助	貸方金額	摘要
事務用品費	9,900	現金	9,900	
費用の発生 ←→		資産の減少		

日付(D)：04/07

借方科目／補助	借方金額	貸方科目／補助	貸方金額	摘要
売掛金 厚木産業㈱	1,100,000	一般売上高	1,100,000	
資産の増加 ←→		収益の発生		

日付(D)：04/10

借方科目／補助	借方金額	貸方科目／補助	貸方金額	摘要
広告宣伝費	187,000	普通預金 赤坂銀行	187,000	
費用の発生 ←→		資産の減少		

日付(D)：04/20

借方科目／補助	借方金額	貸方科目／補助	貸方金額	摘要
給料手当	460,000	現金	460,000	
費用の発生 ←→		資産の減少		

日付(D): 04/20

借方科目／補助	借方金額	貸方科目／補助	貸方金額	摘要
現金	42,000	預り金 源泉所得税	42,000	
資産の増加 ←		→ 負債の増加		

日付(D): 04/25

借方科目／補助	借方金額	貸方科目／補助	貸方金額	摘要
現金	1,232,000	売掛金 中央産業㈱	1,232,000	
資産の増加 ←		→ 資産の減少		

日付(D): 04/26

借方科目／補助	借方金額	貸方科目／補助	貸方金額	摘要
買掛金 アトラス㈱	330,000	現金	330,000	
負債の減少 ←		→ 資産の減少		

日付(D): 04/30

借方科目／補助	借方金額	貸方科目／補助	貸方金額	摘要
地代家賃	220,000	普通預金 赤坂銀行	220,000	
費用の発生 ←		→ 資産の減少		

振替伝票に記入する各項目は, 次の通りです。

日　　付 …… 取引のあった日付を記録します。

勘定科目 …… 取引を該当する項目に分類して記録します。

補助科目 …… 勘定科目の内訳項目が設定されている場合に記録します。

金　　額 …… 勘定科目ごとに取引金額を記録します。

摘　　要 …… 上記から把握できない内容で, 重要な項目(取引先等)を記録します。

勘定科目は, 企業によって違います。設定された勘定科目の分類に従って処理することが大切です。たとえば, コピー用紙を買った時には,「事務用品費」か「消耗品費」かを悩む必要はありません。継続的に使用している限り, 誤りにはなりません。

▶ (4) 会計ソフトの特徴

　従来の手書きによる記帳方法では，伝票などに取引を記帳し，記帳結果を仕訳帳や総勘定元帳に転記・集計したのち，試算表などを経て決算書を作成します。また，その明細を現金出納帳や売掛帳などの補助簿に記入するなど，多くの時間と手数がかかります。

　一方，コンピュータ会計では，1度入力したデータは，自動転記によって関係するすべての帳簿に転記されます。期間の利益計算は，入力と同時に計算することができます。

　このように，コンピュータ会計では，現在の企業の状態を瞬時に理解することができます。得意先ごとの売掛金回収残高の確認や仕入先ごとの支払残高などが，すぐに表示・確認することができ，月末の資金状態や利益の予測も簡単に集計できます。

　会計データの入力画面は，伝票型入力インターフェイスと帳簿型入力インターフェイスに分けることができます。伝票型入力インターフェイスとは，仕訳伝票や振替伝票形式の入力画面に仕訳形式で入力する方法です。入力担当者には簿記の「仕訳」ができる知識が必要になります。弥生会計では，入金伝票や出金伝票の入力画面も用意されていますが，一般的には振替伝票で入力します。

　帳簿型インターフェイスとは，現金出納帳や売掛帳などの補助簿形式の入力画面から取引を入力する方法です。発生した取引の相手勘定科目と金額を入力すればよいので，簿記の知識がない担当者でも入力できます。お小遣い帳に記入するイメージです。

　勘定科目を入力する時には，勘定科目のコード番号で入力する形式とローマ字やカナで入力する形式があります。入力と表現しましたが，正確には勘定マスタから選び出す方法ということになります。詳しくは，第2章で確認します。

　また，会計ソフトでは，拡張機能として，資金の推移や損益分岐点分析などが簡単にできます。このことは，タイムリーに経営意思決定のための経営資料を作成することができることを意味しています。将来，必ず必要となる知識・キャリアです。本書の初級レベルを早くクリアして，さらに学習を進めてください。

▶ (5) 会計帳簿の種類と役割

　帳簿には，どのような種類があり，どのような関係があるのかを確認しましょう。

　各勘定科目をすべて収録した帳簿が「総勘定元帳口座」で，略して「総勘定元帳」，または「元帳」と呼ばれます。現金勘定や借入金勘定など，すべての勘定科目が総勘定元帳に収録されています。

　勘定科目をさらに細分化して管理する場合があります。たとえば，いくつかの銀行で普通預金口座を開設している場合，普通預金勘定に「補助科目」として銀行ごとの補助科目を設けることがあります。「補助元帳」と呼ばれる帳簿は，すべての補助科目を収録したものです。

　また，簡易帳簿と呼ばれる帳簿は，勘定科目をより詳しく記入した帳簿です。簡易帳簿

には，現金勘定についてより詳しい内容を記入した現金出納帳，すべての預金口座についてまとめられている預金出納帳，そして，得意先ごとにまとめられている売掛帳（売掛金勘定の内訳）や仕入先ごとにまとめられている買掛帳（買掛金勘定の内訳）などがあります。

仕訳日記帳は，すべての取引を日付順にまとめた帳簿です。このほか，仕訳形式で入力する振替伝票や入金，出金について記入する入金伝票，出金伝票なども用意されています。

会計ソフトにおける各帳簿の表示画面は，次の通りです。各帳簿の種類や役割を確認してみましょう。

●総勘定元帳

伝票や簡易帳簿から入力したすべての取引について，勘定科目ごとに増加・減少・残高を確認することができる帳簿です。

<例：「一般売上高」勘定>

●補助元帳（売掛金元帳・買掛金元帳）

勘定科目に補助科目が設定されている場合，入力した取引を補助科目ごとに増加・減少・残高を確認することができる帳簿です。売掛金勘定と買掛金勘定に店ごとの補助科目が設定されている場合は，補助元帳としての得意先元帳と仕入先元帳を意味しています。

●簡易帳簿（現金出納帳・預金出納帳）

現金出納帳

預金出納帳

現金出納帳や預金出納帳は，簡易帳簿とよばれる帳票で，現金の入金・出金や預金の預入・引出を確認する帳簿です。伝票から一度入力すれば，関係するこれらの帳簿には自動的に転記（同じ取引が記録）されます。伝票を利用しないで，簡易帳簿から入力することもできます。

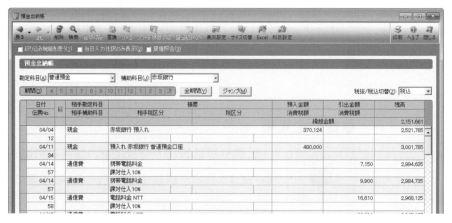

●簡易帳簿（売掛帳・買掛帳）

売掛帳

買掛帳

売掛帳や買掛帳も簡易帳簿の1つです。売掛帳は，得意先ごとに掛売上や掛代金の回収を確認する帳簿です。買掛帳は，仕入先ごとに掛仕入や掛代金の支払を確認する帳簿です。伝票を利用しないで，簡易帳簿から入力することもできます。

●伝票（入金伝票・出金伝票・振替伝票）

入金伝票，出金伝票，振替伝票の3種類の伝票に取引を入力できます。振替伝票だけを利用して，入金伝票や出金伝票を使用しないことも多いです。振替伝票は，仕訳形式の入力画面です。入金伝票や出金伝票には，相手勘定のみを入力します。

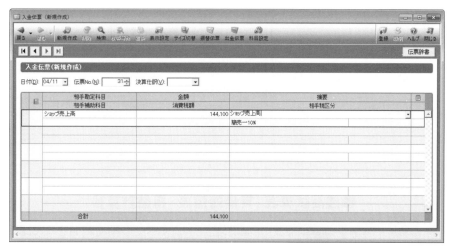

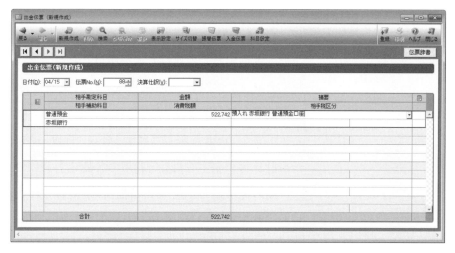

●仕訳日記帳

　伝票や簡易帳簿から入力したすべての取引を確認することができる帳簿です。入力の順番がずれても必ず日付順に表示されます。

●残高試算表（貸借対照表・損益計算書）

　「試算表」とは，すべての勘定科目を一覧表にしたものです。つまり，資産，負債，資本に属する勘定科目と収益，費用に属する勘定科目のすべてをまとめたものです。

　各勘定科目の残高だけを集計した試算表を「残高試算表」と呼びますが，会計ソフトでは，前期繰越残高に当期の借方の金額，貸方の金額，そして当期末の残高が集計・表示されています。

　また，貸借対照表に属する資産，負債，純資産（資本）の各勘定科目と損益計算書に属する収益と費用の各勘定科目に分けて集計・表示することで，当期の純損益（利益，または損失）が計算されています。

　弥生会計では，指定した期間（月別）ですべての勘定科目の借方金額，貸方金額，そして残高を集計・表示するとともに，指定した月別の純損益も算定されます。

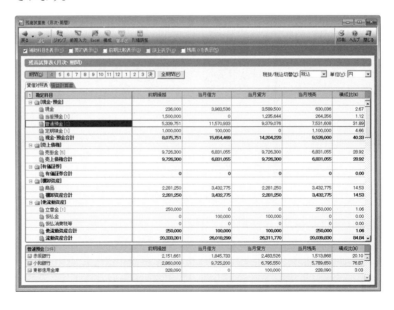

練習問題

3 会計処理の基本（簿記の基礎）

企業の活動（取引）を記録するルールについて，確認してみましょう。

● 問題 1-1 取引と仕訳 解答 PDF P4

設問 1 貸借対照表と損益計算書①・・・・・・・・・・・・・・・・・・・・・

貸借対照表と損益計算書は，どのような内容を報告した決算書でしょうか。下記の項目から選んで，貸借対照表と損益計算書の（　）に記入してみましょう。

> 資 産 ・ 負 債 ・ 純資産（資本） ・ 収 益 ・ 費 用 ・ 利 益

残高試算表：貸借対照表

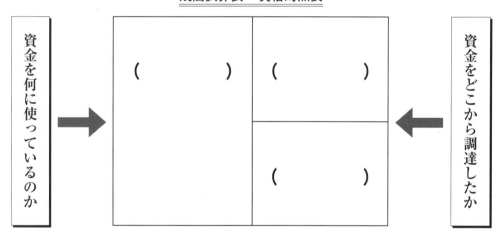

残高試算表：損益計算書

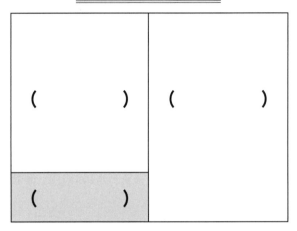

(   )   (   )

(   )

設問2 貸借対照表と損益計算書②・・・・・・・・・・・・・・・・・・・・・・・・・・・

　貸借対照表と損益計算書に属する項目は，借方（左）と貸方（右）で「増加」と「減少」が決まっています。それぞれの（　）に，「＋」「－」を記入してみましょう。

資　産		負　債		純資産（資本）	
(　　)	(　　)	(　　)	(　　)	(　　)	(　　)

費　用		収　益	
(　　)	(　　)	(　　)	(　　)

設問3 勘定科目① ··

　資産・負債・純資産（資本）・収益・費用のグループに属するそれぞれの勘定科目を分類してみましょう。下記の勘定科目を分類して，各グループに記入してみましょう。

> **勘定科目**
>
> 普通預金　　未 払 金　　現　　　金　　当座預金　　仕 入 高　　資 本 金
>
> 売 掛 金　　一般売上高　　給料手当　　預 り 金　　地代家賃　　買 掛 金
>
> 消耗品費　　ショップ売上高　　支払利息　　広告宣伝費　　長期借入金　　備　　　品

資産のグループ

....

....

....

負債のグループ

....

....

....

純資産（資本）のグループ

....

....

....

費用のグループ

....

....

....

収益のグループ

....

....

....

設問4 勘定科目②・・

下記の勘定科目について，その「増加・発生」と「減少・取消」を（　）の中に「＋」「－」で記入してみましょう。

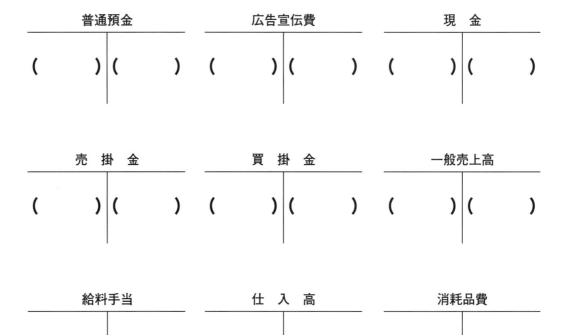

普通預金	広告宣伝費	現　金
（　）｜（　）	（　）｜（　）	（　）｜（　）

売　掛　金	買　掛　金	一般売上高
（　）｜（　）	（　）｜（　）	（　）｜（　）

給料手当	仕　入　高	消耗品費
（　）｜（　）	（　）｜（　）	（　）｜（　）

設問5 仕訳・・

取引を借方（左）と貸方（右）に分解する手続きである「仕訳」の考え方について，下記の説明図の（　）の中に適切な勘定科目を記入し，仕訳をしてみましょう。

《取引①》現金653,200円を赤坂銀行の普通預金に預け入れた。

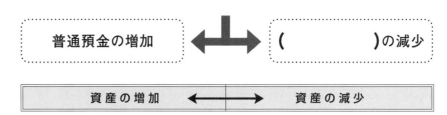

普通預金の増加　⬅➡　（　　　　　　）の減少

| 資産の増加 | ⬅➡ | 資産の減少 |

借方科目／補助	借方金額	貸方科目／補助	貸方金額	摘要
普通預金 赤坂銀行		現金		

《**取引**②》電球（消耗品費）8,800円を購入し，現金で支払った。

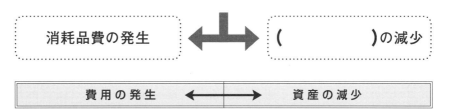

借方科目／補助	借方金額	貸方科目／補助	貸方金額	摘要
消耗品費				

《**取引**③》商品1,100,000円を厚木産業㈱に掛けで売り上げた。

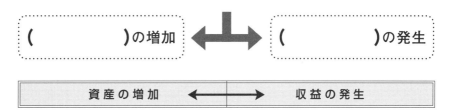

借方科目／補助	借方金額	貸方科目／補助	貸方金額	摘要
売掛金 厚木産業㈱				

（注）ショップでの小売販売と区別するために，本書では，掛販売に「一般売上高」勘定を使用します。

《**取引**④》当月分給料520,000円を現金で支払った。

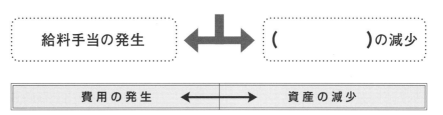

借方科目／補助	借方金額	貸方科目／補助	貸方金額	摘要

《取引⑤》商品220,000円を㈱アンデスから掛けで仕入れた。

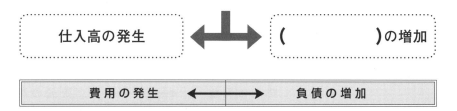

借方科目／補助	借方金額	貸方科目／補助	貸方金額	摘要
		㈱アンデス		

《取引⑥》アトラス㈱の買掛金のうち,今月末の請求額¥330,000を普通預金から振り替えた。

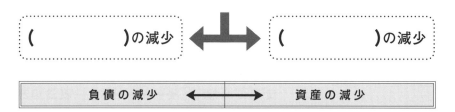

借方科目／補助	借方金額	貸方科目／補助	貸方金額	摘要
買掛金 アトラス㈱		赤坂銀行		

《取引⑦》中央産業㈱から売掛金4,158,000円を現金で回収した。

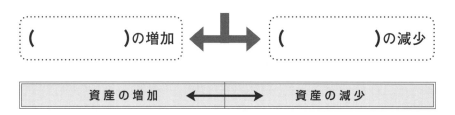

借方科目／補助	借方金額	貸方科目／補助	貸方金額	摘要
		売掛金 中央産業㈱		

次の取引を振替伝票に記入してみましょう。

4月2日

商品110,000円を㈱アンデスから掛けで仕入れた。　　　(アドバイス①)

振替伝票
日付(D): ☐

借方科目／補助	借方金額	貸方科目／補助	貸方金額	摘要

4月3日

事務用品7,700円を現金で購入した。　　　(アドバイス②)

振替伝票
日付(D): ☐

借方科目／補助	借方金額	貸方科目／補助	貸方金額	摘要

4月4日

商品275,000円を厚木産業㈱に掛けで売り上げた。　　　(アドバイス③)

振替伝票
日付(D): ☐

借方科目／補助	借方金額	貸方科目／補助	貸方金額	摘要

(アドバイス)

① 「買掛金」勘定の補助科目として勘定名の下に「㈱アンデス」と記入する。

② 事務用品は「事務用品費」勘定を使用する。「消耗品費」勘定を使用することもある。

③ 「売掛金」勘定の補助科目として勘定名の下に「厚木産業㈱」と記入する。

　掛販売は、小売販売と区別するために「一般売上高」勘定を使用する。

4月5日 雑誌の掲載料214,500円を赤坂銀行の普通預金から振り込んだ。 **アドバイス④**

振替伝票
日付(D):

借方科目／補助	借方金額	貸方科目／補助	貸方金額	摘要

4月6日 現金1,500,000円を赤坂銀行の普通預金に預け入れた。 **アドバイス⑤**

振替伝票
日付(D):

借方科目／補助	借方金額	貸方科目／補助	貸方金額	摘要

4月10日 中央産業㈱から売掛金440,000円を現金で回収した。 **アドバイス⑥**

振替伝票
日付(D):

借方科目／補助	借方金額	貸方科目／補助	貸方金額	摘要

アドバイス

④ 雑誌の掲載料は「広告宣伝費」勘定を使用する。また「普通預金」勘定の下に補助科目「赤坂銀行」を記入する。

⑤ 「普通預金」勘定が増加し,「現金」勘定が減少する。

⑥ 売掛金の回収は,資産の減少として「売掛金」勘定の貸方に入力する。勘定名の下に補助科目である「中央産業㈱」を記入する。

4月13日 アトラス㈱の買掛金308,000円を現金で支払った。 アドバイス⑦

振替伝票

日付(D):

借方科目／補助	借方金額	貸方科目／補助	貸方金額	摘要

4月15日 本月分給料580,000円を現金で支払った。 アドバイス⑧

振替伝票

日付(D):

借方科目／補助	借方金額	貸方科目／補助	貸方金額	摘要

上記の給与支払に対して, 源泉所得税 55,000円を預かった。 アドバイス⑨

振替伝票

日付(D):

借方科目／補助	借方金額	貸方科目／補助	貸方金額	摘要

アドバイス

⑦ 買掛金の支払は, 負債の減少として「買掛金」勘定の借方に入力する。補助科目「アトラス㈱」を勘定科目名の下に記入する。

⑧ 給料は「給料手当」勘定の借方に入力する。

⑨ 源泉所得税は, 企業が従業員から一時預り, 税務署に納付するものである。この取引は給料から源泉所得税を差し引いて預った仕訳なので, 貸方は「預り金」勘定と設定されている補助科目「源泉所得税」を勘定科目名の下に記入する。

事務所家賃132,000円を赤坂銀行の普通預金から振り込んだ。　　　　　　　　　アドバイス⑩

振替伝票

日付(D):

借方科目／補助	借方金額	貸方科目／補助	貸方金額	摘要

本日，店頭での現金売上合計は，94,600円であった。　　　　　　　　　　　　　アドバイス⑪

振替伝票

日付(D):

借方科目／補助	借方金額	貸方科目／補助	貸方金額	摘要

切手840円分を現金で購入した。　　　　　　　　　　　　　　　　　　　　　　アドバイス⑫

振替伝票

日付(D):

借方科目／補助	借方金額	貸方科目／補助	貸方金額	摘要

アドバイス

⑩ 事務所家賃は「地代家賃」勘定を使用する。普通預金からの振り込みは，資産の減少として「普通預金」勘定（補助科目：赤坂銀行）の貸方に入力する。

⑪ 店頭での現金売上は，「ショップ売上高」勘定を使用する。

⑫ 切手は，「通信費」勘定の借方に入力する。

第 *2* 章 会計ソフトの操作

ダウンロードした「弥生会計」をインストールして,会計ソフトの基本操作を学びます。会計データを入力処理する基本操作のみを確認しますので,すぐに理解できます。基本操作を学びながら会計ソフトの特徴をもう一度考えてみましょう。

第2章 会計ソフトの操作

1 コンピュータの関連知識

会計ソフトのようなアプリケーションソフトウェアをインストールして正常に動かすためには，コンピュータ関連の基礎知識を理解したうえで，いくつか確認しなければならないことがあります。会計ソフトをインストールする前に確認する主な項目には，次のようなものがあります。

①日本語OS

OSとは「Operating System」の略で，キーボードやマウス，タッチパッド等で入力や指示した内容をアプリケーションソフトウェアに伝える役目を果たす基本のソフトウェアです。アプリケーションソフトウェアをインストールするには，どのOSで動作するかを事前に確認しておく必要があります。会計ソフトの多くはWindows版で「Microsoft Windows 11, 10」などに対応しています。

②ブラウザー

ブラウザーとはインターネット上のWebページを閲覧するためのソフトウェアです。弥生会計を使用するには，同じコンピュータ内に「Microsoft Edge」，「Google Chrome」または「Mozilla Firefox」がインストールされている必要があり，対応するバージョンの確認も必要です。

③CPUの種類と処理能力

CPUは「Central Processing Unit」の略で，データの受け取り，演算などの処理をして結果を出力するコンピュータの中枢です。代表的な製品にはインテル社のCore i シリーズなどがあります。

④メモリー

メモリーはコンピュータが動作している時に，必要なデータやプログラムを一時的に記憶する装置で，コンピュータ本体の中にあります。CPUが処理するデータは，メモリーを介してやり取りされます。メモリーの容量が大きいほどCPUの処理効率は向上します。会計ソフトには推奨している容量が表示されており，たとえば，CPUの種類とともに1GB（ギガバイト）以上，などと表示されています。

⑤ハードディスク

ハードディスクはデータを記憶することのできる代表的な装置です。電源をオフにしていても記憶内容が保持される補助記憶装置の1つです。多くの場合はコンピュータ本体に内蔵されていますが，本体の外にケーブルでつないで設置する外付けタイプもあります。アプリケーションソフトウェアをインストールするには，ハードディスクに空き容量が必要です。必要な容量はアプリケーションソフトウェアによって異なります。

⑥ディスプレイ

ディスプレイはコンピュータが処理した文字や図形を表示する装置で，モニターと呼ばれることもあります。ディスプレイの性能を判断する基準として解像度の表示があります。

解像度が高いほど，よりきめ細かい，鮮明な画面表示が可能となります。

⑦ディスクドライブ

ディスクドライブ（ドライブ）とは，DVDやCDなどのディスクメディア（記録媒体）を読み書きするための装置で，コンピュータ内蔵タイプや，外付けタイプがあります。

⑧プリンター

コンピュータが処理した文字データや画像データなどを用紙や帳票に印刷するための装置です。プリンターの種類にはレーザープリンター，インクジェットプリンター，ドットインパクトプリンターなどがあります。

● 例題 2-1　　　　　　　　　　　　　　　📖P67　問題2-1 ●

次の（1）〜（3）にあげる記述について，もっとも適切な語句を解答群から選択し，解答欄に番号で記入しなさい。

(1) パソコンが動作している時に必要なデータやプログラムを一時的に記憶する装置で，パソコン本体の中にある。

(1) の解答群
　　1. CPU　　　2. メモリー　　　3. ハードディスク　　　4.CD-ROM

(2) キーボードやマウスで入力・指示した内容をアプリケーションソフトウェアに伝える役割を果たす基本のソフトウェアのことである。

(2) の解答群
　　1. ブラウザ　　　2. ディスプレイ　　　3. CPU　　　4. OS

(3) 外部の記憶媒体（記録メディア）に保管したデータを読み書きする装置のことである。

(3) の解答群
　　1. ルーター　　　2. DVD　　　3.ディスクドライブ　　　4.USB メモリー

解答欄

(1)	(2)	(3)
2	4	3

●ソフトウェアの正しい利用について

コンピュータのソフトウェア（プログラム）の多くは，著作権法によって守られている著作物です。私たちがソフトウェアを利用するためには，著作権者（ソフトウェアメーカー）から許諾（許可）を得ることが必要です。この許諾（許可）のことを「ライセンス」と呼んでおり，一般的にはインストールの際などに「使用許諾契約」に同意することで取得することができます。

利用者は，この使用許諾契約（ライセンス契約）の使用条件をよく確認して正しく使用する責任があり，使用許諾契約の条件を守らない場合や認められたライセンスの数を超えてインストールした場合は，著作権法に反する不法な行為とみなされます。

近年，これらの不法行為に対して刑事罰や民事上で重い処罰が科せられる可能性があります。処罰を科せられることにより，個人だけではなく契約に同意した教育機関や企業としても社会的な信用を失うことになるため，ソフトウェアの適正な管理体制が求められています。

2 会計ソフトのインストール

財務会計ソフトである「弥生会計」は,弥生株式会社のホームページから個人学習用プログラムとしてダウンロードすることができます。また,本書で使用する「学習用データ」と練習問題の「解答・解説(PDF)」が用意されているので,ダウンロードしてください。
※本書では,Windows 10(OS)を例として説明しています。

(1) 会計ソフトのインストール

会計ソフトをインストールする前に,コンピュータシステムを管理し,操作環境を提供する基本ソフトウェア(OS:Operating System)をチェックしましょう。会計ソフトの多くは,Windows版です。また,データを受け取り,演算などの処理をして結果を出力するコンピュータの中枢であるCPU(Central Processing Unit)の種類や処理能力のチェックも大切です。

インストールする前に220ページの「学習の準備」をご確認ください。

●セットアップの手順

👉 弥生会計をインストールしましょう。

1 起動しているすべてのプログラムを終了します。

2 ダウンロードした[YAC24P300000TK180.exe]を
ダブルクリックします。
画面に従って,インストールを開始します。

YAC24P300000
TK180.exe

③ 使用許諾契約書を読み,「・・・同意します。」にチェックを入れて,
[次へ]をクリックします。

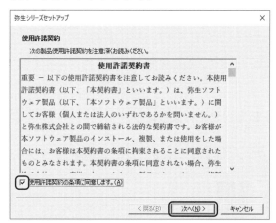

④ ユーザー情報を入力します。個人や教育機関で使用する場合は,[会社名]の欄
に[ユーザー名]と同じ情報,または学校名を入力し,[次へ]をクリックします。

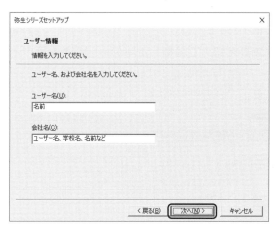

⑤ 弥生会計のインストール先を確認して,[次へ]をクリックします。

⑥ 画面内容を確認し,[インストール]をクリックしてインストールを開始します。
インストール中に再起動が必要な場合があります。画面の指示に従って進め
ると,再起動後に正常にインストールが再開されます。

⑦ インストールが完了したら,[完了]をクリックして終了します。

▶ (2)弥生会計の起動と終了《OS:Windows 10の場合》

●弥生会計の起動

　弥生会計を起動するには,デスクトップに表示されているアイコンをダブルクリックして起動させる方法とスタートボタンから起動させる方法があります。

☞ 弥生会計を起動させてみましょう。

1　デスクトップ上の[弥生会計 24 体験版]をダブルクリックします。

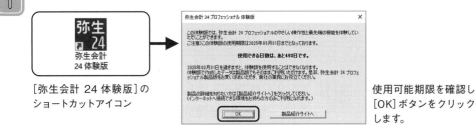

[弥生会計 24 体験版]の
ショートカットアイコン

使用可能期限を確認し
[OK]ボタンをクリック
します。

2　弥生会計を初めて起動した時のみ[環境設定ウィザード]※が表示されます。
[キャンセル]ボタンをクリックします。

※すでに弥生会計(旧バージョンを含む)がインストールされている場合は,[環境設定ウィザード]は表示されず,[確認]メッセージが表示される場合があります。

●弥生会計の終了

☞ 弥生会計を終了させてみましょう。

1　[ファイル(F)]メニューから[終了(X)]をクリックします。

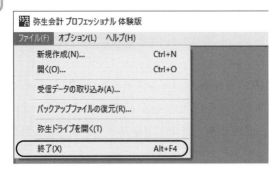

(3) 会計データの復元と保存《OS:Windows 10の場合》

●会計データの復元

　会計データの復元とは，バックアップ形式で保存されている会計データを弥生会計のデータフォルダー（ハードディスク）へ戻すことを意味します。「株式会社ラフィオーレ2章（4期）」を復元することで，保存された時点の会計データ（環境設定，消費税設定）を引き継ぎます。

ダウンロードした学習用データを復元してみましょう。
〈学習用データのダウンロードについてはP220参照〉

1　[ファイル（F）]メニューから[バックアップファイルの復元（R）]をクリックします。
　　[バックアップファイルの選択]画面が表示されます。

2　「復元したいバックアップファイル」の「場所」と「名称」を確認します。
　　[参照先の設定（L）]ボタンをクリックし，[参照先の設定]画面から[フォルダーを追加（F）]ボタンをクリック。[ドキュメント]から[R6初級学習用データ]を選択し，[参照先の設定]画面に[C:¥Users¥○○○○¥Documents¥R6初級学習用データ]が追加されたのを確認し，[OK]をクリックします。

3　[バックアップファイルの選択]画面から「株式会社ラフィオーレ2章（4期）」を選択します。
　　[バックアップの選択]画面に，ダウンロードしたバックアップデータが全て表示されますので，「株式会社ラフィオーレ2章（4期）」を選択し，[開く]をクリックします。復元先のデータの「場所」と「名称」を確認し，[復元]をクリックします。

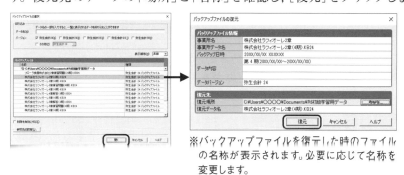

※バックアップファイルを復元した時のファイルの名称が表示されます。必要に応じて名称を変更します。

●会計データの保存（バックアップ）

　弥生会計の初期設定では，終了時に会計データの自動バックアップファイルがハードディスクに作成されるようになっています。しかし，思わぬトラブルや誤った操作，コンピュータウイルスなどで，ハードディスクに保存された会計データが失われてしまうことがあります。そこで，バックアップファイルを必ずハードディスク以外に保存することが大切です。パソコンのハードディスク以外には，USBメモリー/CD-R/RW/外付けのハードディスクなどがあります。

☞ **USBメモリーにバックアップファイルを作成してみましょう。**

１　バックアップファイルを作成するデータを開きます。

２　画面右上の［ナビゲータ］ボタンを押し，ナビゲータ画面の［事業所データ］カテゴリをクリックします。事業所データ画面から［バックアップ］のアイコンをクリックします。

３　**必要に応じてバックアップファイルの保存場所と名称を変更します。**
　［参照(B)］ボタンをクリックし，［USBドライブ(E:)］を選択し，［保存(S)］ボタンをクリックします。（※Eドライブ：USBメモリーの場合）

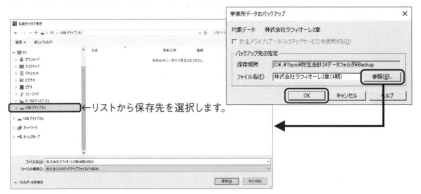

←リストから保存先を選択します。

４　**［OK］ボタンをクリックします。**
　指定した保存場所に同名のバックアップファイルがある場合は，上書きを警告するメッセージが表示されます。

５　**バックアップファイルの作成が終了すると，確認メッセージが表示されます。**
　［OK］ボタンをクリックします。

3 会計データの入力

　会計ソフトでは，入力画面で1度データ入力をすれば，入力したデータは，関連するすべての帳簿に自動で転記・計算・集計されます。また，同時に残高試算表（貸借対照表や損益計算書）にも集計されています。これらの会計データは，企業の外部への報告だけでなく，企業の内部でも経営情報の1つとして活用されます。

▶ (1) 会計ソフトの操作

　弥生会計では，「クイックナビゲータ」というアイコン画面が用意されており，簡単に操作することができます。　左側の「取引」のカテゴリをクリックすると次の画面が表示されます。

メニューバー メニュー項目をクリックして選択すると操作を実行できます。	**ツールバー** ウィンドウで行う基本的な操作のボタンが表示されます。
タイトルバー 事業所名や決算期，会計期間が表示されます。	**クイックナビゲータ** 日常よく使用される機能のアイコンが配置されています。

　伝票形式と呼ばれる入力画面のアイコンです。振替伝票では，仕訳形式で入力します。一度入力したすべての取引は，関係する帳簿に自動的に転記されます。

　入力したすべての取引について，勘定科目ごとに確認できる帳簿が総勘定元帳です。補助元帳は，補助科目ごとに確認できる帳簿です。

　簡易帳簿と呼ばれる入力画面のアイコンです。現金の収入・支出や預金の預入・引出，掛販売の売上・代金回収などを入力します。金額と相手勘定を記入します。

　「クイックナビゲータ」には，作業別のカテゴリが用意されています。操作する作業に応じて，カテゴリをクリックして切り替えます。たとえば，「集計」のカテゴリは，指定した期間の取引を勘定科目・補助科目ごとに集計・表示（日計表）するアイコンや，指定した期間のすべての勘定科目・補助科目残高を一覧表で集計・表示（残高試算表）するアイコンなどが用意されています。

(2) 入力方法と帳簿の体系

●弥生会計の入力方法

弥生会計は，伝票と帳簿のどちらからでも，データの入力ができます。入力したデータは，関連するすべての帳簿や伝票へ自動的に転記・計算・集計されます。

この書籍では，次のような帳簿体系をイメージして学習を進めます。

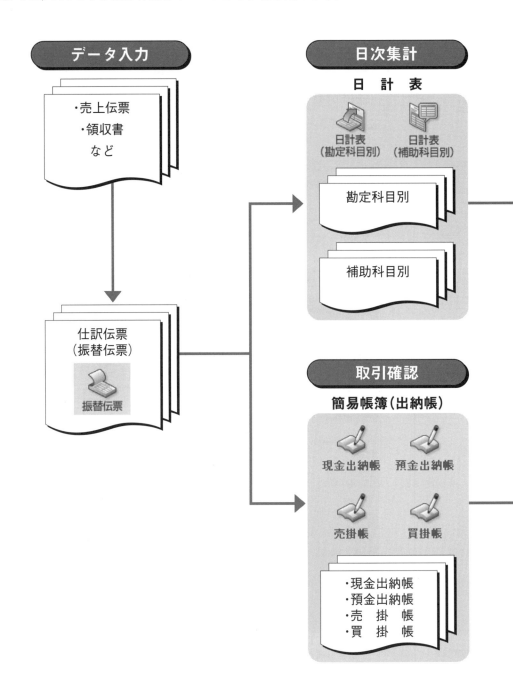

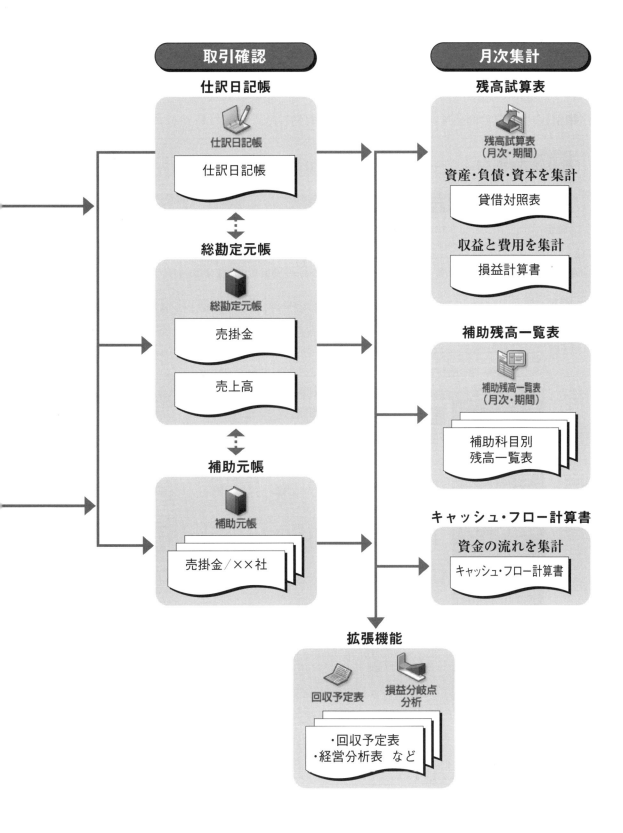

▶ (3)振替伝票による入力

会計ソフトのデータ入力画面は，大きく分けて伝票形式と帳簿形式の入力画面があります。ここでは，振替伝票の入力画面を例にして，会計データを入力してみましょう。

⌨ **入力練習** 「株式会社ラフィオーレ2章(4期)」の学習用データを復元して使用します。〈P51参照〉

● **例題 2 - 2** 📖 P68 **問題2-2** ●

次の振替伝票(起票済)にもとづいて，会計データを入力してみましょう。

4月11日 《**取引**》ショップで商品¥144,100を現金にて販売した。

振替伝票
日付(D)：04/11

借方科目／補助	借方金額	貸方科目／補助	貸方金額	摘要
現金	144,100	ショップ売上高	144,100	ショップ売上高

(注)掛販売と区別するために本書では，店頭の小売販売に「ショップ売上高」勘定を使用します。

① クイックナビゲータの[取引]カテゴリから[振替伝票]をクリックします。[振替伝票]ウィンドウが表示されます。

② 伝票の日付をテンキーで「0411」と入力し[Enter]キーを押して，借方勘定科目に移動します。

解 説 •

クイックナビゲータ画面が表示されていない場合は，右上の[ナビゲータ]ボタンをクリックします。

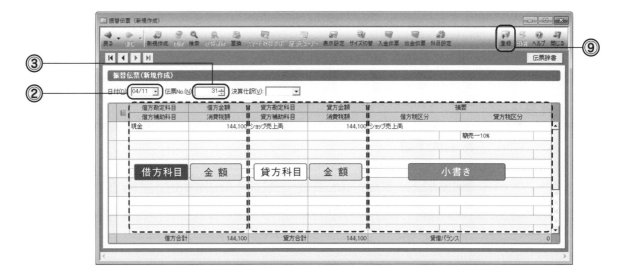

③ 設定にもとづいて伝票番号が自動的に表示されていることを確認します。

④ 借方勘定科目の項目で,「GENKIN」と入力すると「現金」が選択されます。

⑤ [Enter]キーを押して借方金額の項目へ移動し, 金額「144100」を入力します。

⑥ 手順4, 5と同様に, 貸方勘定科目の項目で「SHOPPUUR」と入力して「ショップ売上高」を選択し, 貸方金額を入力します。

⑦ [摘要]に仕訳の具体的な説明を全角32文字(半角64文字)以内で入力します。

借方勘定科目	借方金額	貸方勘定科目	貸方金額	摘要	
借方補助科目	消費税額	貸方補助科目	消費税額	借方税区分	貸方税区分
現金	144,100	ショップ売上高	144,100	ショップ売上高	
					顧売一10%

⑧ [Enter]キーを押して次の行へ移動します。

⑨ 入力が終了したらキーボードの[F12]キーを押すか, [登録]ボタンをクリックします。

解 説 •

勘定科目欄に移動したところでサーチキーをキーボードから入力します。最初の1文字か2文字目を順に入力したところで, 勘定科目が特定されるので時間の短縮になります。ドロップダウンリストを表示させて確認します。

借方勘定科目	借方金額	貸方勘定科目
借方補助科目	消費税額	貸方補助科目
現金		
[現金・預金]		*GENYOKI
現金		GENKIN
[売上債権]		*URIAGES
原材料		GENZAIRY
減価償却累計額		GENKARUI
資本金及び準備金減少差益		GENSHISA
[売上高]		*URIAGE
売上値引高		URIAGENE
売上戻り高		URIAGEMO
売上割戻し高		URIAGEWA
[売上原価]		*URIAGEG
減価償却費		GENKASHO
売上割引		URIAGEWA

● サーチキーの種類 〔例:科目名が現金の時〕
  サーチキー英字　　GENKIN
  サーチキー数字　　100
  サーチキー他　　　空欄
  (任意の文字列を指定して使用します)

● 本書では, 初期設定である「サーチキー英字」により入力操作を説明しています。

● **例 題 2 - 3**  P69 **問題2-3** ●

次の振替伝票（起票済）にもとづいて，会計データを入力してみましょう。

4月11日

《**取引**》得意先 中央産業㈱へ商品￥106,700を掛けで販売した。

振替伝票

日付(D)：04/11

借方科目／補助	借方金額	貸方科目／補助	貸方金額	摘要
売掛金 中央産業㈱	106,700	一般売上高	106,700	掛売上高 中央産業㈱

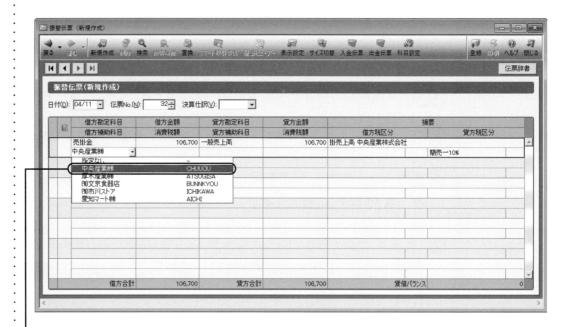

解 説 ‧‧‧

──補助科目を登録している勘定科目の場合は，補助科目の一覧が表示されます。勘定科目と

同じように，サーチキー「CHUUOU」を入力するか，↓矢印キーで補助科目を選択します。

▶ (4) 入力データの確認

入力されたデータは，関連するすべての帳簿に自動で転記されています。仕訳日記帳や総勘定元帳で確認してみましょう。

たとえば，例題2-2では，次の通りです。

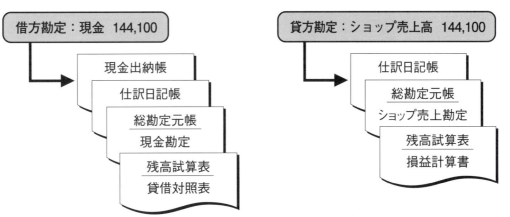

たとえば，例題2-3では，次の通りです。

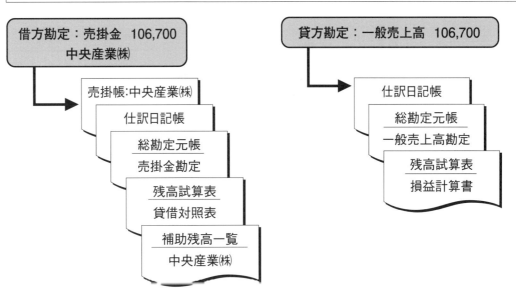

● 例題 2 - 4　　　　　　　　　　　📖P72　問題 2-4 ●

例題2-2で入力した4月11日の現金売上のデータを仕訳日記帳で確認してみましょう。

① クイックナビゲータの［取引］カテゴリから［仕訳日記帳］をクリックします。

解　説

　伝票から入力した取引は，仕訳日記帳や総勘定元帳で確認できます。現金出納帳でも確認してみましょう。

(5) 入力済取引の修正・削除・コピー

　　伝票から入力した取引を修正するには，入力した伝票を表示させる必要があります。仕訳日記帳や現金出納帳などで，取引の行を指定してダブルクリックすると入力した伝票を表示させることができます。

　　仕訳日記帳から伝票を表示させ，取引を修正してみましょう。

例題 2 - 5　　　　　　　　　　　　　　　P75　問題2-5

　　例題2-3で入力した4月11日 得意先 中央産業㈱へ商品106,700円を掛けで販売した取引を修正します。

　　得意先を中央産業㈱から厚木産業㈱へ修正します。

① 仕訳日記帳の修正する取引行を指定し，ダブルクリックして入力した伝票を表示させます。（伝票番号32）

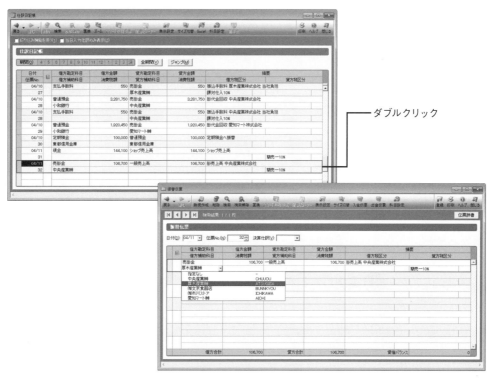

② 修正する項目にカーソルを移動して，直接修正します。

③ 摘要欄にカーソルを移動して，得意先名を修正します。

④ 修正が終了したらキーボードの[F12]キーを押すか，[登録]ボタンをクリックします。

4月10日　愛知マート㈱に対する掛売上の取引（伝票番号：24）で, 誤って入力した荷造運賃¥11,550の入力データを削除してみましょう。

① 仕訳日記帳で, 削除する取引が含まれている行を指定し, ダブルクリックして修正する伝票を表示させます。

② 削除する行のセレクターをクリックするか, 削除する行にカーソル位置を移動し, 右クリックのメニューから［行削除］を選択します。

行セレクター

③ 選択した行を削除します。

④ 修正が終了したらキーボードの［F12］キーを押すか, ［登録］ボタンをクリックします。

（解　説）••

削除する伝票の［伝票］ウィンドウを表示させ, ウィンドウ上にある［削除］ボタンをクリックすると, 行削除ではなく選択した伝票1枚そのものが削除されるので注意してください。

削除

4月2日　アトラス㈱に対する掛仕入の取引（伝票番号：6）で，入力した伝票を表示させて，同じ伝票に取引をコピーしてみましょう。

① 仕訳日記帳で，4月2日アトラス㈱に対する掛仕入の取引行を指定し，ダブルクリックして伝票を表示させます。

② コピーする行のセレクターをクリックして選択するか，
コピーする行にカーソル位置を移動し，右クリックのメニューから
[行コピー]を選択します。

行セレクター

③ コピー先の取引行へカーソルを移動し（たとえば，借方金額欄をクリックする），
右クリックのメニューから[行貼り付け]を選択します。

④ 修正が終了したらキーボードの[F12]キーを押すか，[登録]ボタンをクリックします。

▶(6)入力データの検索と印刷

　入力された会計データは，各帳簿の画面で検索することができます。ここでは，振替伝票画面での検索方法を確認してみましょう。

● 例 題 2 - 8　　　　　　📖P79　問題2-8 ●

振替伝票画面で，4月9日付で検索し，印刷してみましょう。

① ツールバーの[検索]ボタンをクリックします。

② [振替伝票の検索]画面で，[日付(Z)]の項目をチェックし，日付欄に4/9～4/9と設定したら[OK]ボタンをクリックします。

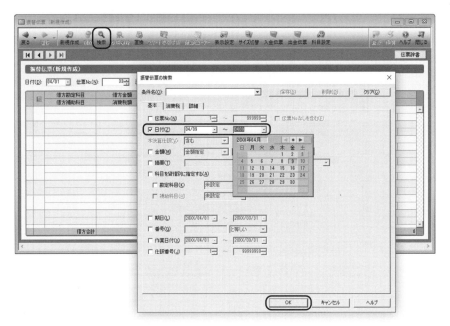

③ [印刷]ボタンをクリックします。

入力練習 「株式会社ラフィオーレ2章（4期）」の学習用データを続けて使用します。

● 例題 2 - 9

次の振替伝票（手書伝票起票済）にもとづいて、データ入力を練習してみましょう。

振替伝票
日付(D)：04/12

借方科目／補助	借方金額	貸方科目／補助	貸方金額	摘要
現金	88,000	ショップ売上高	88,000	ショップ売上高

振替伝票
日付(D)：04/13

借方科目／補助	借方金額	貸方科目／補助	貸方金額	摘要
売掛金 ㈲文京食器店	253,000	一般売上高	253,000	掛売上高 ㈲文京食器店
仕入高	1,265,000	買掛金 ㈱アンデス	1,265,000	掛仕入高 ㈱アンデス
現金	96,250	ショップ売上高	96,250	ショップ売上高
普通預金 赤坂銀行	370,000	現金	370,000	赤坂銀行へ入金

振替伝票
日付(D)：04/14

借方科目／補助	借方金額	貸方科目／補助	貸方金額	摘要
広告宣伝費	330,000	未払金 広告宣伝	330,000	雑誌広告料 城西広告社

振替伝票
日付(D)：04/15

借方科目／補助	借方金額	貸方科目／補助	貸方金額	摘要
現金	125,125	ショップ売上高	125,125	ショップ売上高
売掛金 厚木産業㈱	294,250	一般売上高	294,250	掛売上高 厚木産業㈱
仕入高	1,375,000	買掛金 ㈲富士	1,375,000	掛仕入高 ㈲富士
租税公課	12,000	現金	12,000	収入印紙 弥生商店

※「租税公課」勘定については、P100を参照。

振替伝票

日付(D): 04/16

借方科目／補助	借方金額	貸方科目／補助	貸方金額	摘要
現金	104,500	ショップ売上高	104,500	ショップ売上高
消耗品費	3,740	現金	3,740	トイレットペーパー他 セブンマート

振替伝票

日付(D): 04/17

借方科目／補助	借方金額	貸方科目／補助	貸方金額	摘要
旅費交通費	770	現金	770	高速代

振替伝票

日付(D): 04/17

借方科目／補助	借方金額	貸方科目／補助	貸方金額	摘要
雑費	3,300	現金	3,300	廃棄ゴミ処理代

振替伝票

日付(D): 04/18

借方科目／補助	借方金額	貸方科目／補助	貸方金額	摘要
支払手数料	550	現金	550	振込手数料
交際費	16,500	現金	16,500	★★商会と会食

※交際費については, P96を参照。

練習問題

4 コンピュータ関連知識の確認

●問題2-1　コンピュータ関連知識

次の (1)〜(3)にあげる記述について, もっとも適切な語句を解答群から選択し, 解答欄に番号で記入しなさい。

(1) パソコンが処理した文字や図形を表示する装置のことである。

(1) の解答群
　　1. ソフトウェア　　2.ブラウザー　　3. ディスプレイ　　4.web ページ

(2) データを記憶する事のできる代表的な装置で, 電源をオフにしても記憶内容が保持できる補助記憶装置のことである。

(2) の解答群
　　1. ディスクドライブ　　2. OS　　3.アプリケーションソフトウェア　　4. ハードディスク

(3) インターネット上のホームページを閲覧するためのソフトウェアのことである。

(3) の解答群
　　1. ディスプレイ　　2. 基本ソフトウェア　　3. ブラウザー　　4.web ページ

解答欄

(1)	(2)	(3)

5 振替伝票による入力練習

⌨ 入力練習 「フローラ食器株式会社2章練習問題（20期）」の学習用データを復元して使用します。〈P51参照〉

●問題2-2 ショップ販売・預金預入と引出 解答PDF P12 ●

次の振替伝票（起票済）にもとづいて，振替伝票画面から会計データを入力してみましょう。

設問1 現金販売・・・

4月16日

《取引》ショップで商品¥104,500を現金で販売した。

振替伝票

日付(D)：04/16

借方科目／補助	借方金額	貸方科目／補助	貸方金額	摘要
現金	104,500	ショップ売上高	104,500	ショップ売上高

4月17日

《取引》ショップで商品¥106,700を現金で販売した。

振替伝票

日付(D)：04/17

借方科目／補助	借方金額	貸方科目／補助	貸方金額	摘要
現金	106,700	ショップ売上高	106,700	ショップ売上高

4月18日

《取引》ショップで商品¥75,900を現金で販売した。

振替伝票

日付(D)：04/18

借方科目／補助	借方金額	貸方科目／補助	貸方金額	摘要
現金	75,900	ショップ売上高	75,900	ショップ売上高

設問2　普通預金の預入と引出 ・・・・・・・・・・・・・・・・・・・・・・・・・・・・・

4月19日

《取引》手もとの現金￥265,000を赤坂銀行の普通預金へ預け入れた。

また、小和銀行の普通預金から現金￥50,000を引き出した。

振替伝票

日付(D)： 04/19

借方科目／補助	借方金額	貸方科目／補助	貸方金額	摘要
普通預金 赤坂銀行	265,000	現金	265,000	預入れ 赤坂銀行 普通預金口座
現金	50,000	普通預金 小和銀行	50,000	引出し 小和銀行 普通預金口座

●問題2-3　掛販売と掛仕入　　　　　　　　　　　　解答PDF P12 ●

次の振替伝票(起票済)にもとづいて、振替伝票画面から会計データを入力してみましょう。

設問1　掛販売 ・・

4月16日

《取引》得意先 中央産業㈱へ商品￥257,400を掛けで販売した。

振替伝票

日付(D)： 04/16

借方科目／補助	借方金額	貸方科目／補助	貸方金額	摘要
売掛金 中央産業㈱	257,400	一般売上高	257,400	掛売上高

4月17日

《取引》得意先 厚木産業㈱へ商品¥396,000を掛けで販売した。

振替伝票

日付(D)：04/17

借方科目／補助	借方金額	貸方科目／補助	貸方金額	摘要
売掛金 厚木産業㈱	396,000	一般売上高	396,000	掛売上高

4月18日

《取引》得意先 ㈲文京食器店へ商品¥264,000を掛けで販売した。

振替伝票

日付(D)：04/18

借方科目／補助	借方金額	貸方科目／補助	貸方金額	摘要
売掛金 ㈲文京食器店	264,000	一般売上高	264,000	掛売上高

4月19日

《取引》得意先 中央産業㈱へ商品¥217,800を掛けで販売した。

振替伝票

日付(D)：04/19

借方科目／補助	借方金額	貸方科目／補助	貸方金額	摘要
売掛金 中央産業㈱	217,800	一般売上高	217,800	掛売上高

設問2 掛仕入 ・・

4月16日

《**取引**》仕入先 ㈱アンデスから商品￥219,450 を掛けで仕入れた。

振替伝票

日付(D)：04/16

借方科目／補助	借方金額	貸方科目／補助	貸方金額	摘要
仕入高	219,450	買掛金 ㈱アンデス	219,450	掛仕入高

4月17日

《**取引**》仕入先 アトラス㈱から商品￥735,625 を掛けで仕入れた。

振替伝票

日付(D)：04/17

借方科目／補助	借方金額	貸方科目／補助	貸方金額	摘要
仕入高	735,625	買掛金 アトラス㈱	735,625	掛仕入高

4月18日

《**取引**》仕入先 ㈲富士から商品￥1,375,000 を掛けで仕入れた。

振替伝票

日付(D)：04/18

借方科目／補助	借方金額	貸方科目／補助	貸方金額	摘要
仕入高	1,375,000	買掛金 ㈲富士	1,375,000	掛仕入高

● 問題2-4 経費の支払・その他の取引

次の振替伝票(起票済)にもとづいて, 振替伝票画面から会計データを入力してみましょう。

設問1 経費の支払・・

4月8日

《取引》切手¥840分を現金で購入した。

振替伝票

日付(D): 04/08

借方科目／補助	借方金額	貸方科目／補助	貸方金額	摘要
通信費	840	現金	840	切手代

4月9日

《取引》コピー用紙¥2,530を現金で購入した。(事務用品費勘定で処理する。)

振替伝票

日付(D): 04/09

借方科目／補助	借方金額	貸方科目／補助	貸方金額	摘要
事務用品費	2,530	現金	2,530	コピー用紙

4月10日

《取引》従業員が取引先から帰社し, 電車代¥660を現金で支払った。

振替伝票

日付(D): 04/10

借方科目／補助	借方金額	貸方科目／補助	貸方金額	摘要
旅費交通費	660	現金	660	外出交通費

4月12日

《取引》収入印紙￥8,000分を現金で購入した。

振替伝票					
日付(D)：[04/12]					
借方科目／補助	借方金額	貸方科目／補助	貸方金額	摘要	
租税公課	8,000	現金	8,000	収入印紙	

4月15日

《取引》事務所家賃￥110,000が赤坂銀行普通預金口座から振替えられた。

振替伝票					
日付(D)：[04/15]					
借方科目／補助	借方金額	貸方科目／補助	貸方金額	摘要	
地代家賃	110,000	普通預金 赤坂銀行	110,000	事務所家賃	

4月19日

《取引》従業員用のお茶代￥864を現金で購入した。

振替伝票					
日付(D)：[04/19]					
借方科目／補助	借方金額	貸方科目／補助	貸方金額	摘要	
福利厚生費	864	現金	864	従業員用お茶代	

※飲食料品の購入は, 軽減税率(8%)の対象品目です。〈P115参照〉
※ここでは, 軽減税率の処理は行いません。

4月20日

《取引》当月20日締め，翌月20日支払の発送運賃代¥220,000の請求書を四葉運輸株式会社から受け取った。

振替伝票

日付(D)：04/20

借方科目／補助	借方金額	貸方科目／補助	貸方金額	摘要
荷造運賃	220,000	未払金 荷造運賃	220,000	4月分 発送運賃

4月22日

《取引》得意先　厚木産業株式会社に対する売掛金¥375,000の回収として，小和銀行普通預金口座に振り込まれた。

振替伝票

日付(D)：04/22

借方科目／補助	借方金額	貸方科目／補助	貸方金額	摘要
普通預金 小和銀行	375,000	売掛金 厚木産業㈱	375,000	掛代金回収

4月25日

《取引》仕入先　アトラス株式会社に対する買掛金¥1,650,000の支払として，小和銀行普通預金口座から振り替えた。なお，振込手数料¥550も同口座から引き落された。

振替伝票

日付(D)：04/25

借方科目／補助	借方金額	貸方科目／補助	貸方金額	摘要
買掛金 アトラス㈱	1,650,000	普通預金 小和銀行	1,650,000	掛代金支払
支払手数料	550	普通預金 小和銀行	550	振込手数料

6 振替伝票の修正・削除・コピー

　第2章でここまで入力してきた会計データをUSBメモリーなどにバックアップしてみましょう。バックアップファイルの名称（ファイル名）は、「フローラ食器株式会社2章練習問題入力結果（20期）」とします。（会計データの保存については、P52参照）

　次に、振替伝票の修正、削除、行コピーの練習をします。振替伝票から入力した仕訳は、仕訳日記帳などの帳簿で直接修正できません。仕訳日記帳などの帳簿に表示されている仕訳行をダブルクリックして転記元の振替伝票を表示させ、その振替伝票で修正、登録します。

　ここでは、仕訳日記帳から修正する取引の仕訳を探し、転記元の振替伝票を表示させたうえで修正、削除、行コピーをしてみましょう。

入力練習 「フローラ食器株式会社2章練習問題（20期）」の学習用データを復元して使用します。〈P51参照〉

●問題2-5　振替伝票の修正 解答PDF P15 ●

　次の振替伝票を仕訳日記帳から表示させ、データを修正して再登録してみましょう。

設問1　金額の修正・・・・・・・・・・・・・・・・・・・・・・・・・・・・・・・・・

金額257,400円を440,000円に修正します。

4月16日

仕訳日記帳から表示させる振替伝票35

振替伝票
伝番（N）: 35

日付（D）: 04/16

借方科目／補助	借方金額	貸方科目／補助	貸方金額	摘要
売掛金 中央産業㈱	257,400	一般売上高	257,400	掛売上高

修正後の振替伝票

振替伝票
伝番（N）: 35

日付（D）: 04/16

借方科目／補助	借方金額	貸方科目／補助	貸方金額	摘要
売掛金 中央産業㈱	440,000	一般売上高	440,000	掛売上高

4月17日を4月18日に修正します。

4月17日

仕訳日記帳から表示させる振替伝票番号36

| | 振替伝票 | | | 伝番(N): | 36 |

日付(D): 04/17

借方科目／補助	借方金額	貸方科目／補助	貸方金額	摘要
売掛金 厚木産業㈱	396,000	一般売上高	396,000	掛売上高

4月18日

修正後の振替伝票

| | 振替伝票 | | | 伝番(N): | 36 |

日付(D): 04/18

借方科目／補助	借方金額	貸方科目／補助	貸方金額	摘要
売掛金 厚木産業㈱	396,000	一般売上高	396,000	掛売上高

設問3 得意先の修正 ・・・・・・・・・・・・・・・・・・・・・・・・・・・・・・

得意先 中央産業㈱から㈲文京食器店へ修正します。

4月19日

仕訳日記帳から表示させる振替伝票番号38

| | 振替伝票 | | | 伝番(N): | 38 |

日付(D): 04/19

借方科目／補助	借方金額	貸方科目／補助	貸方金額	摘要
売掛金 中央産業㈱	217,800	一般売上高	217,800	掛売上高

修正後の振替伝票

	伝番(N)：	38

振替伝票

日付(D)： 04/19

借方科目／補助	借方金額	貸方科目／補助	貸方金額	摘要
売掛金 ㈲文京食器店	217,800	一般売上高	217,800	掛売上高

●問題2-6 振替伝票の削除（行削除・伝票削除） 解答PDF P16

　次の振替伝票を仕訳日記帳から表示させ,仕訳データを削除して再登録してみましょう。

設問1 　行削除 ・・

荷造運賃 11,550円の取引を削除します。

4月10日

仕訳日記帳から表示させる振替伝票番号24

	伝番(N)：	24

振替伝票

日付(D)： 04/10

借方科目／補助	借方金額	貸方科目／補助	貸方金額	摘要
売掛金 愛知マート㈱	235,125	一般売上高	235,125	掛売上高 愛知マート株式会社
荷造運賃	11,550	未払金 荷造運賃	11,550	発送運賃 四葉運輸株式会社

修正後の振替伝票

	伝番(N)：	24

振替伝票

日付(D)： 04/10

借方科目／補助	借方金額	貸方科目／補助	貸方金額	摘要
売掛金 愛知マート㈱	235,125	一般売上高	235,125	掛売上高 愛知マート株式会社

設問2 伝票削除 ・・・・・・・・・・・・・・・・・・・・・・・・・・・・・・・・・・・・・・・

4月4日の普通預金へ預け入れた取引を入力した伝票番号12を削除します。

4月4日

仕訳日記帳から表示させる振替伝票12

振替伝票				伝番(N): 12
日付(D): 04/04				
借方科目／補助	借方金額	貸方科目／補助	貸方金額	摘要
普通預金 赤坂銀行	370,124	現金	370,124	預入れ 赤坂銀行 普通預金 口座

修正後の振替伝票

伝票番号(N)12 は,削除されました。

●問題2-7 振替伝票のコピー(行コピー)　　　解答PDF P17

次の振替伝票を仕訳日記帳から表示させ,仕訳データをコピーして再登録してみましょう。

設問1 行コピー ・・・・・・・・・・・・・・・・・・・・・・・・・・・・・・・・・・・・・・

4月1日の振替伝票番号3を表示させ,行をコピーしてから2行目に行貼り付けます。次に,携帯電話代¥16,500が赤坂銀行普通預金口座から自動引落で処理された取引について,貸方科目・金額と摘要欄を修正して,再登録してみましょう。

4月1日

仕訳日記帳から表示させる振替伝票番号3

振替伝票				伝番(N): 3
日付(D): 04/01				
借方科目／補助	借方金額	貸方科目／補助	貸方金額	摘要
通信費	4,200	現金	4,200	切手代 84円×50枚

修正後の振替伝票

| 振替伝票 | | | | 伝番(N): | 3 |

日付(D): 04/01

借方科目／補助	借方金額	貸方科目／補助	貸方金額	摘要
通信費	4,200	現金	4,200	切手代 84円×50枚
通信費	16,500	普通預金 赤坂銀行	16,500	携帯電話代

●問題2-8 振替伝票の検索 解答 PDF P17

振替伝票の入力画面から次の検索をしてみましょう。

設問1 日付による検索 ・・・・・・・・・・・・・・・・・・・・・・・・・・・・・・

4月9日付の振替伝票を検索して表示させ, 下記の金額を調べてみましょう。

4月9日	金 額	摘 要 欄
ショップ売上高の金額 (伝票No.20)	¥	
掛売上高の金額 中央産業㈱ (伝票No.21)	¥	
掛仕入高 (伝票No.22)	¥	
事務用品費の金額 (伝票No.43)	¥	

設問2 科目による検索 ・・・・・・・・・・・・・・・・・・・・・・・・・・・・・・

借方科目「現金」の振替伝票を検索して表示させ, 下記の金額と相手勘定を調べてみましょう。

	金 額	相手勘定
4月4日の現金の金額 (伝票No.11)	¥	
4月7日の現金の金額 (伝票No.14)	¥	

設問3 摘要欄による検索 ・・・・・・・・・・・・・・・・・・・・・・・・・・・・・・・・

　摘要欄に「切手代」を含む振替伝票を検索して表示させ, 下記の金額と項目, 相手勘定を調べてみましょう。

日　付	金　額	相手勘定
4月　　　日	¥	
4月　　　日	¥	

設問4 複数項目による検索 ・・・・・・・・・・・・・・・・・・・・・・・・・・・・・・・・

　日付が4月1日から10日で, 摘要欄に「厚木産業㈱」の項目を含む振替伝票を検索して表示させ, 伝票枚数と4月7日の振替伝票を調べてみましょう。

伝票の枚数	枚

4月7日の伝票の内容を記入しなさい。

振替伝票				

日付(D)：04/07

借方科目／補助	借方金額	貸方科目／補助	貸方金額	摘要

第3章 企業の業務と会計処理

業務の流れとその会計処理を学びます。現金預金に関係する会計処理, 仕入や売上に関係する会計処理, そして経費, 給与に関する会計処理について, 振替伝票に起票し, 入力処理します。また, 企業が関係する税金について簡単に調べてみましょう。

第3章 企業の業務と会計処理

1 現金預金についての会計処理

　現金の入金「納」と現金の支払「出」を管理することは，会計業務の基本です。お金を支払うには，請求されること（請求書）が必要です。そして，お金を支払ったら，相手から受け取った証拠（領収書）をもらいます。現金の扱いでは，必ず領収書などの証拠となる「証ひょう」類と金額を照合します。

　従業員が出張する時に，前もって現金を仮払いする場合にも，「仮払依頼書」などと交換に出金することが大切です。企業の外でも内でも，現金の入出金には，証拠が必要なのです。
（仮払依頼書：139ページ参照）

▶(1)現金の出納（すいとう）

　現金として扱うものは，紙幣や硬貨だけではありません。郵便為替証書や受け取った小切手は，郵便局や銀行ですぐに現金通貨と交換できることから現金として扱います。

　日常の現金管理では，業務の終わりに現金の実際残高を金種票に記入し，会計データ（帳簿）と照合します。

●金種票

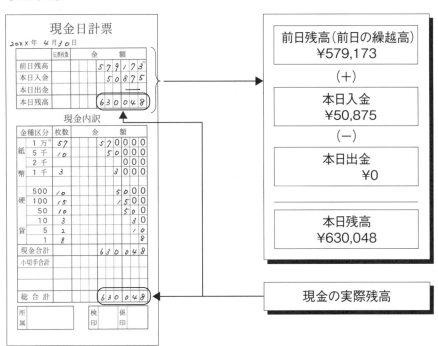

●普通為替証書（定額小為替証書）

●小切手

　小切手とは，銀行に対してこの小切手を持参した人（持参人）に，小切手に記載されている金額を支払うことを依頼した証券のことをいいます。代金を決済するために小切手を利用する場合は，あらかじめ銀行に当座預金口座を開設します。

　商品代金などを支払うために，小切手を作成して支払う相手に手渡すことを「小切手を振り出す」といい，小切手を作成した時に当座預金勘定の貸方に仕訳します。

　小切手を受け取った時は，必要な事項がすべて記入されているかを確認します。小切手の要件を満たしていない小切手では，現金が払い出されませんので注意しましょう。

　銀行が小切手の支払に応じる期間は，小切手の振出日の翌日から10日以内と定められていますので，小切手を受け取ったらすぐに取引のある銀行へ持ち込みます。

小切手帳は，番号順に使用します。小切手の左側の「控え」に必ず記入します。

金額はチェックライターを用いて記入します。手書きの場合は，漢数字を用いるようにします。

※印を打って以下余白を示します。

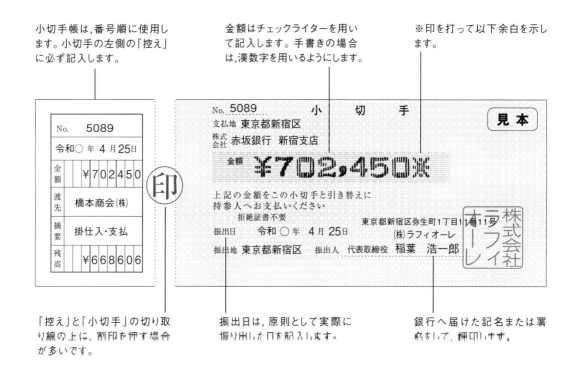

「控え」と「小切手」の切り取り線の上に，割印を押す場合が多いです。

振出日は，原則として実際に振り出した日を記入します。

銀行へ届けた記名または署名をして，押印します。

(2) 預金の種類と預入・引出

銀行預金にはいくつかの種類があり，利用する目的によって区別します。預金の管理は，預金の種類ごとに勘定科目を設定し，銀行ごとの補助科目で管理することが多いです。

| 普通預金 | 1円単位から自由に預入，引出ができる預金です。経費支払のための口座振替などにも利用できます。 |

| 定期預金 | 預入の期間があり，普通預金より有利な金利で預け入れることができますが，満期日前の解約は原則としてできません。 |

| 当座預金 | 預入は自由ですが，引出は小切手で行います。銀行と当座取引契約を結んで当座預金口座を開設する必要があります。 |

●預金通帳の例

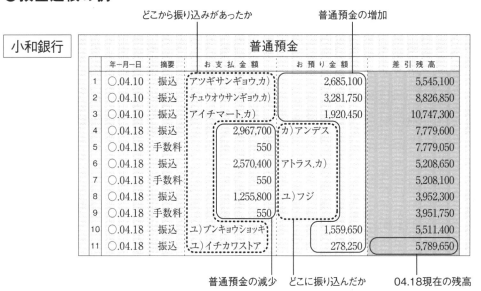

預金通帳を記帳した際に，当社が未処理である取引が判明した場合は，発生した日付で入力処理します。たとえば，小和銀行・普通預金口座を記帳した際に，No.10とNo.11の掛け代金の振り込みが当社で未記帳の場合は，次の仕訳を入力します。

●夜間金庫の利用

　銀行の夜間金庫は，店舗の営業時間外に売上代金を預け入れるための金庫のことです。店舗の外壁に「夜間金庫投入口」が設置されており，現金と預け入れる明細書（金種の明細）を入れた専用の入金バックを投函します。

　銀行側は，翌営業日に入金バッグの金額を確認したうえで指定の預金口座に入金処理をするサービスです。

　営業時間外であっても預け入れることができ，盗難や紛失も避けることができるため，多くの小売店に利用されてきました。

　しかし，大手の銀行では，近年，コストがかかるサービスであることから夜間金庫の利用料を大幅に値上げしたり，夜間金庫を「廃止」する傾向にあります。

入力練習　「株式会社ラフィオーレ3章（4期）」の学習用データを復元して使用します。〈P51参照〉

● 例 題 3 - 1　　　　　　　　　　　📖P121　問題3-1 ●

　4月15日　手もとの現金を赤坂銀行の夜間金庫へ預け入れた取引について，起票された振替伝票をもとに，会計データを入力してみましょう。

振替伝票 日付(D): 04/15

借方科目／補助	借方金額	貸方科目／補助	貸方金額	摘要
普通預金 赤坂銀行	522,742	現金	522,742	赤坂銀行へ入金

解　説 ・・・・・・・・・・・・・・・・・・・・・・・・・・・・・・・・・・・・・・

　銀行への預け入れや引き出しは，その日の日付でデータを入力します。一方，夜間金庫を利用している場合，投函した現金は，翌日の午前中に銀行で処理されます。銀行の休業日が入ると2日程度遅れた日付で記帳されます。当社の出力帳簿と銀行通帳を突き合わせる時には，入力処理された日付と預金通帳の日付の違いに注意しましょう。

4月16日　赤坂銀行の普通預金から現金を引き出した取引について，起票された振替伝票をもとに，会計データを入力してみましょう。

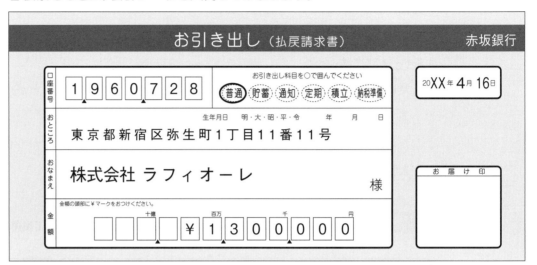

振替伝票
日付(D)：04/16

借方科目／補助	借方金額	貸方科目／補助	貸方金額	摘要
現金	1,300,000	普通預金 赤坂銀行	1,300,000	赤坂銀行から引出し

（解 説）・・・

引き出した日付でデータ入力を行います。

4月16日　橋本商会㈱に対する掛仕入の代金を支払うために小切手を振り出した取引について，起票された振替伝票をもとに，会計データを入力してみましょう。

振替伝票
日付(D)：04/16

借方科目／補助	借方金額	貸方科目／補助	貸方金額	摘要
買掛金 橋本商会㈱	702,450	当座預金 赤坂銀行	702,450	小切手の振出

(3)総合振込依頼書

企業が支払を行う際に,銀行に依頼して取引先の預金口座へ振り込んでもらうことがあります。振込手数料がかかりますが,手間をはぶくことができます。会計データの入力は,依頼した時に,実際の引落日の日付で入力します。

例 題 3-3　　　　　　　　　　　　　📖P123　問題3-3

4月17日　当社が取引している小和銀行の普通預金口座から取引先の銀行口座へ振込を依頼するため,総合振込依頼書を作成して小和銀行の担当者に手渡した。起票された振替伝票をもとに,会計データを入力してみましょう。

総合振込依頼書

小和　銀行　殿

ご依頼人名	フリガナ	ラフィオーレ		様	取組指定日	令和 ○年 4月 18日
		(株)ラフィオーレ				
	ご連絡先電話番号	03-4567-7890			枚中/枚目	1／1

送信番号	振込先 銀行	支店	預金種目	口座番号	フ リ ガ ナ お 受 取 人	金 額 円	電信指定	手数料	照査印発行印
	小和銀行	中央	普当	556	カブ アンデス (株)アンデス	2,967,700		550	
	小和銀行	名古屋	普当	432	アトラス カブ アトラス(株)	2,570,400		550	
	小和銀行	甲府	普当	778	ユウ フジ (有)富士	1,255,800		550	

				小 計	3 件	6,793,900	小計	1,650
				合 計	3	6,793,900	合計	1,650

振替伝票

日付(D): 04/18

借方科目／補助	借方金額	貸方科目／補助	貸方金額	摘要
買掛金 (株)アンデス	2,967,700	普通預金 小和銀行	2,967,700	掛仕入支払
買掛金 アトラス(株)	2,570,400	普通預金 小和銀行	2,570,400	掛仕入支払
買掛金 (有)富士	1,255,800	普通預金 小和銀行	1,255,800	掛仕入支払
支払手数料	1,650	普通預金 小和銀行	1,650	振込手数料

解 説

4月18日の日付で入力することにより,小和銀行の預金帳の記帳結果と帳簿残高(預金出納帳:普通預金・小和銀行)が一致します。

2 仕入についての会計処理

　商品の受け取りと同時に現金を支払う現金仕入の場合は，その場で商品とレシート（領収書）を受け取ります。しかし，卸しで仕入れる場合には，先に商品を受け取り，後日に代金を支払う掛仕入が一般的です。「掛」とは一種の"ツケ"のことで，商品の掛仕入では，「買掛金」という勘定の貸方にデータ入力します。

▶(1)仕入業務の流れ

　仕入業務は，商品を注文し，商品を受け取り，その代金を支払うことで一連の取引を終えます。それぞれのタイミングで重要なポイントがいくつもあります。商品を注文する前に，見積書を依頼するところから確認していきましょう。

●見積もりの依頼と見積書の作成

　売買の契約は，必ずしも書面による必要はなく，口頭や電話などでも結ぶことができます。しかし，取引金額が大きい場合などは，後日のトラブルを避けるために売買契約書などの文書を作成することが望ましいです。

　買い手は，注文に先立って商品の価格や取引条件を売り手に確認するために，「見積書」の作成を依頼します。同じ種類の商品について，数社から見積書を取り寄せることを「合い見積もり（アイミツ）」といいます。「見積書」の有効期限を確認しましょう。なお，見積もりに関する手続きは，売買契約ではありません。

```
                    御見積書
                                                      PAGE      1
厚木産業　株式会社                    見積日　20××年04月10日    見積No   000001
経理部 御中
                                     123-1111 東京都新宿区弥生町1-11-11
（ A002 ）
 TEL 0465-99-7777      FAX 0465-99-7778    株式会社 ラフィオーレ
                                          TEL 03-4567-7890 FAX 03-4567-7891
下記の通り御見積申し上げます。
件　　名：ギフト用商品の件
納入期限：5月30日
納入場所：厚木産業 本店                           担当者：若田 大輔
取引方法：掛販売
有効期限：5月末日
御見積合計金額　￥694,100−
```

商品名	単位	数量	単価	金額	備考
GRS-SET-0000 パーティグラスセット	箱	2	200,000	400,000	
GRS-SOT-0003 ソフト デキャンタ	個	3	77,000	231,000	
<税抜合計金額>					
< 消費税 >					

●商品の注文

　見積書を検討した結果，仕入商品の納期や支払方法を確認して電話やメールで注文の意思を伝えます。後日のトラブルを避けるため，「注文書」を作成し，送付することが望ましいです。継続的な取引がある場合，取引先が「注文書」や「発注書」を作成し，買い主に手渡すこともあります。

　仕入業務の流れは，次の通りです。

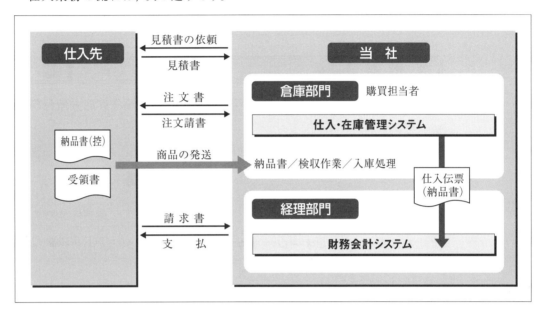

●商品の受取と検収

　商品が到着したら，注文書（控）や納品書を参照して，発注した通りの商品が納品されているか，数量，品質等を確認します。この作業を検収といいます。

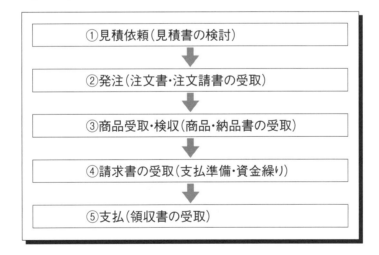

●請求書の受取と支払

　商品を受け取るか，請求書が届いた時点で"掛取引"として会計処理します。掛代金は，支払期日までに支払います。支払方法は，取引先との間で事前に取り決めて，現金や小切手の振り出し，銀行振込などで支払います。

▶ (2) 会計データ入力のタイミング

　検収作業を終えたら，仕入伝票（起票）や納品書をもとに入庫処理と買掛金のデータ入力を行います。つまり，このタイミングで財務会計ソフトに「仕入高」「買掛金」の会計データを入力します。仕入時に発生した引取運賃や運送保険料などの付随費用は，仕入原価に加算します。

● 例 題 3 - 4　　　　　　　　　　　　　　　　　　　　　　　📖P124 問題3-4 ●

　4月23日　掛仕入の取引について，納品書から起票された振替伝票にもとづき，会計データを入力してみましょう。

納 品 書　　　　　　　　　　20XX年04月23日

123-1111
東京都新宿区弥生町1-11-11

451-5555 愛知県名古屋市西区西町9-99-111

株式会社　ラフィオーレ　　御中　　　　　　**アトラス株式会社**

毎度お引立て頂きまして有難うございます。

商品コード/商品名	数量	単位	単価	金額	備考
MAG-XTO-0001 ピノン マグカップ	50	個	1,250	62,500	課
MAG-XTO-0002 オリエントマグカップ	50	個	2,100	105,000	課
MAG-XTO-0003 テルメス マグカップ	50	個	1,500	75,000	課
税抜額	242,500	消費税額	24,250	合計	266,750

振替伝票

日付(D)：04/23

借方科目／補助	借方金額	貸方科目／補助	貸方金額	摘要
仕入高	266,750	買掛金 アトラス㈱	266,750	掛仕入

解 説　•••

　商品が到着したら，注文書（控）や納品書を参照して，発注した通りの商品が納品されているか，数量・品質などを確認します。このように検収作業を終えてから，「仕入高」と「買掛金」にデータを入力します。

3 売上についての会計処理

　仕入の業務と同じように，店頭での現金販売以外は，先に商品を引き渡し，売上代金を後日に回収する掛販売が一般的です。

　本書では，店頭での現金販売は「ショップ売上高」勘定を設けて掛販売と区別して入力し，掛販売は「一般売上高」勘定を設けて処理しています。

　商品の注文を受けてから，商品の発送，売上代金の請求，回収までの業務の流れを確認しましょう。

▶(1) 販売業務の流れ

　商品の注文は口頭ではなく，必ず注文書の発送を依頼します。同時に，注文を受けた商品，納期，納品場所，代金の回収期限と方法を確認します。注文請書の発行も大切です。

　販売業務の流れは，次の通りです。

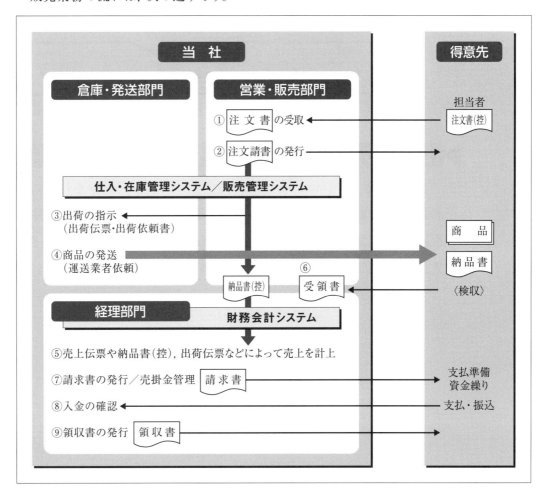

```
┌──────────────────────────────────────┐
│           ① 注文の受付                  │
└──────────────────────────────────────┘
                    ↓
┌──────────────────────────────────────┐
│           ② 注文請書の発行              │
└──────────────────────────────────────┘
                    ↓
┌──────────────────────────────────────┐
│  ③ 倉庫の担当者へ出荷を指示（出荷伝票や発送依頼書の発行）  │
└──────────────────────────────────────┘
                    ↓
┌──────────────────────────────────────┐
│  ④ 出荷伝票に従って商品を発送（納品書と受領書の添付）      │
└──────────────────────────────────────┘
                    ↓
┌──────────────────────────────────────┐
│ ⑤ 出荷（納品）と同時に，売上伝票や納品書（控），出荷伝票を経理担当者へ報告 │
└──────────────────────────────────────┘
                    ↓
┌──────────────────────────────────────┐
│ ⑥ 得意先が納品を確認したら（検収済），引き渡しの証拠として受領証を受け取る │
└──────────────────────────────────────┘
                    ↓
┌──────────────────────────────────────┐
│ ⑦ 売上伝票や納品書（控），出荷伝票をもとに請求書の発行    │
└──────────────────────────────────────┘
                    ↓
┌──────────────────────────────────────┐
│           ⑧ 入金の確認                  │
└──────────────────────────────────────┘
                    ↓
┌──────────────────────────────────────┐
│       ⑨ 得意先に対して領収証の発行        │
└──────────────────────────────────────┘
```

▶(2) 会計データ入力のタイミング

　どのタイミングで会計ソフトに「売掛金」と「売上高」のデータを入力するのでしょうか。商品を出荷した時点で，売上伝票や納品書（控）により会計データを入力します。売上時に発生した引取運賃や運送保険料などの付随費用は，売上（収益）に対する費用として「荷造運賃」に入力します。

4月23日　掛売上の取引について，売上伝票（納品書・控）により振替伝票を起票し，会計データを入力してみましょう。なお，商品発送は四葉運輸㈱に依頼しており，月末に合計請求書を受け取った時点で「荷造運賃」として費用にデータ入力しています。

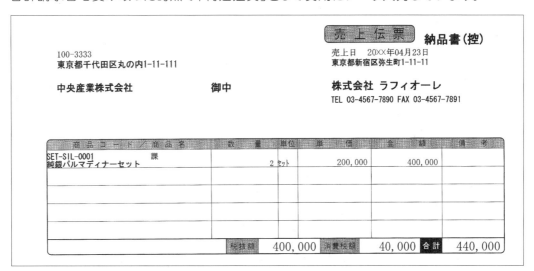

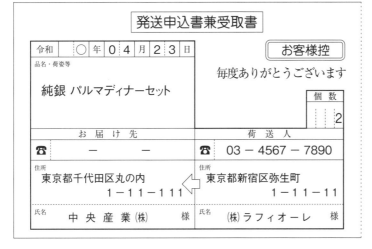

振替伝票

日付(D)：04/23

借方科目／補助	借方金額	貸方科目／補助	貸方金額	摘要
売掛金 中央産業㈱	440,000	一般売上高	440,000	掛売上高

解　説 ・・・・・・・・・・・・・・・・・・・・・・・・・・・・・・・・・・・・・・・

四葉運輸（株）に依頼した発送費は，合計請求書が締日に届いた時に，借方「荷造運賃」勘定と貸方「未払金」勘定（補助科目：荷造運賃）で処理しています。（月締め，請求書払）

● 例 題 3-6　　　　　　　　　　　📖P126　問題3-6 ●

4月23日　店頭での現金販売の取引について，レジペーパーにより起票された振替伝票にもとづき，会計データを入力してみましょう。

レジスタ売上集計表			20××.4.23
商品コード	個数	税抜単価	売上代金
MAG-XTO-0001	3	@¥2,500	¥7,500
MAG-XTO-0002	5	@¥4,200	¥21,000
MAG-XTO-0003	5	@¥3,000	¥15,000
CUP-XCB-0003	5	@¥14,000	¥70,000
		消費税額	¥11,350
合計　売上高			¥124,850

振替伝票

日付(D)：04/23

借方科目／補助	借方金額	貸方科目／補助	貸方金額	摘要
現金	124,850	ショップ売上高	124,850	ショップ売上高

解　説

　本書の取引では，ショップ（店頭）での販売は，現金販売としています。レジスタの集計結果で，その日の現金売上金額を把握し，データを入力します。

4 経費についての会計処理

経費は，企業の経営活動において毎日のように発生します。発生した経費は，どの科目でデータ入力するのか，摘要欄にはどのように小書きを入力すれば検索に役立つのか，を考えながら確認しましょう。また，データ入力のタイミングと証拠となる証ひょう類も大切になります。

ここでは，経費についての仕訳を確認してみましょう。

▶ (1)経費項目の内容と仕訳

通信費

社内・社外の相手と連絡を取るための費用を処理する勘定です。具体的には，電話料金，FAX使用料，携帯電話料金，私書箱使用料，電報料金，切手代，ハガキ代，郵送料，速達料，簡易書留料，書留封筒代，インターネット利用料などです。

仕 訳 例

4月15日　電話代10,000円を現金で支払った。

借方科目／補助	借方金額	貸方科目／補助	貸方金額	摘要
通信費	10,000	現金	10,000	電話代（3月分）

荷造運賃

商品，製品を販売し，取引先まで届けるための諸費用を処理する勘定です。具体的には，包装材料費，梱包費用，配送料金，小包代，宅配便代，発送運賃などです。

仕 訳 例

4月15日　宅配料金1,200円を現金で支払った。

借方科目／補助	借方金額	貸方科目／補助	貸方金額	摘要
荷造運賃	1,200	現金	1,200	宅配代

旅費交通費（通勤交通費）

旅費と交通費を処理する勘定です。具体的には，出張旅費，出張宿泊料，航空券，外出交通費，タクシー代，通勤定期代，一時的な駐車代，高速代，回数券，指定席券，特急券，出張に際して支給した出張手当（日当）などです。また，ガソリン代を含めることもあります。

仕 訳 例

4月15日　高速代700円を現金で支払った。

借方科目／補助	借方金額	貸方科目／補助	貸方金額	摘要
旅費交通費	700	現金	700	高速代

広告宣伝費

不特定多数の人に対する宣伝効果を目的として支出した項目を処理する勘定です。具体的には，雑誌掲載料，テレビCM，インターネット広告，折込チラシ，看板，カタログ，パンフレット，社名入りの手帳やタオル・カレンダー，展示会出展費用，大会協賛金，団体名簿掲載料，電話帳掲載料，ダイレクトメール，見本品，試供品，賞品，粗品，人材募集費用，会社案内などです。

仕 訳 例

4月 15日　雑誌掲載料金200,000円を現金で支払った。

借方科目／補助	借方金額	貸方科目／補助	貸方金額	摘要
広告宣伝費	200,000	現金	200,000	雑誌掲載料

交際費

会社が得意先，仕入先，株主など事業に関連ある者に対して「お付き合い」のために支出した項目を処理する勘定です。具体的には，御歳暮，御中元，お土産，接待，贈答品，商品券，お礼，接待ゴルフ，お車代，取引先との親睦旅行，慶弔金，開店祝金，ご祝儀，業者忘年会，餞別，花輪などです。

仕 訳 例

4月 15日　得意先との会食代15,000円を現金で支払った。

借方科目／補助	借方金額	貸方科目／補助	貸方金額	摘要
交際費	15,000	現金	15,000	＊＊商会と会食

水道光熱費

電気，ガス，水道料金などを処理する勘定です。具体的には，ガス料金，プロパンガス料金，水道料，電気代，灯油代，石油，重油，石炭などです。

仕 訳 例

4月 15日　電気代10,000円を現金で支払った。

借方科目／補助	借方金額	貸方科目／補助	貸方金額	摘要
水道光熱費	10,000	現金	10,000	電気代

消耗品費

　短期間に消耗する少額の物品を購入した時に処理する勘定です。消耗品とは, 繰り返し交換して使うものです。具体的には, 常備品(蛍光灯, 電池, 祝儀袋, 電球など), 固定資産として処理しないことのできる備品(事務用机, 椅子, 書棚, 掲示版, ロッカーなど), 合鍵, 名刺, 大工工具, コップ代, ガムテープ代, プリント代などです。

仕　訳　例

4月 15日　蛍光灯代4,000円を現金で支払った。

借方科目／補助	借方金額	貸方科目／補助	貸方金額	摘要
消耗品費	4,000	現金	4,000	蛍光灯代

給料手当

　労働の対価として定期的に従業員に支払われるものを処理する勘定です。従業員への給与・手当のことです。具体的には, 基本給, 諸手当, 家族手当, 住宅手当, 時間外勤務手当, 休日勤務手当, 役付手当, 職務手当, 食事手当などです。

仕　訳　例

4月 15日　給料500,000円を現金で支払った。

借方科目／補助	借方金額	貸方科目／補助	貸方金額	摘要
給料手当	500,000	現金	500,000	4月分 従業員給料

福利厚生費

　従業員のために支出した項目で, 健康診断等の医療費, 社宅などの家賃, 従業員に対する慶弔費, 親睦費, 制服代, 夜食代などを処理する勘定です。具体的には, 新年会費, 親睦会, 忘年会, 送別会, 歓迎会, 社員旅行, 社内行事, 社員食堂, 厚生施設, 作業服, クリーニング代, 従業員用茶菓子代, 残業夜食代, 給食, 医療用品(体温計, 包帯), 健康診断費用, 常備薬, 雑貨(消耗品費勘定で処理する場合もあります), 従業員への祝金(結婚, 出産など), 慶弔金, 見舞金, 香典, 永年勤続者表彰金などです。

仕　訳　例

4月 15日　残業食事代1,000円を現金で支払った。

借方科目／補助	借方金額	貸方科目／補助	貸方金額	摘要
福利厚生費	1,000	現金	1,000	残業食事代

修繕費

　資産の維持補修に要する費用を処理する勘定です。具体的には，建物の修理，事務所修理，水道補修，電話移設工事，事務器の修理，AV機器補修，プログラム修理，機械等の保守費用，パソコン保守料，定期点検，メンテナンス料，保守契約料，車検費用，車修理，オイル交換，タイヤ交換，部品交換などの費用です。

仕 訳 例

4月 15日　パソコン修理代22,000円を現金で支払った。

借方科目／補助	借方金額	貸方科目／補助	貸方金額	摘要
修繕費	22,000	現金	22,000	パソコン修理代

地代家賃

　不動産賃借契約にもとづく賃借料を処理する勘定です。具体的には，事務所家賃，店舗・工場・倉庫・車庫・材料置場の賃借料，月極駐車場代などです。

仕 訳 例

4月 15日　事務所家賃110,000円を現金で支払った。

借方科目／補助	借方金額	貸方科目／補助	貸方金額	摘要
地代家賃	110,000	現金	110,000	事務所家賃

賃借料

　一時的に利用する場合の賃借料を処理する勘定です。具体的には，レンタカー代，展示場の会場使用料および備品使用料などです。

仕 訳 例

4月 15日　レンタカー代33,000円を現金で支払った。

借方科目／補助	借方金額	貸方科目／補助	貸方金額	摘要
賃借料	33,000	現金	33,000	レンタカー代

車両費

　車にかかる諸経費全般を処理する勘定です。具体的には，ガソリン代，オイル交換，高速代，修理代，車検費用，一時的な駐車料などです。高速代や一時的な駐車料は，旅費交通費勘定で，またガソリン代は燃料費勘定や旅費交通費勘定で処理することもあります。

仕 訳 例

4月 15日　会社の営業車のバッテリーを交換し，現金9,900円を支払った。

借方科目／補助	借方金額	貸方科目／補助	貸方金額	摘要
車両費	9,900	現金	9,900	バッテリー交換代

保険料

　保険契約にもとづく支払を処理する勘定です。具体的には，火災保険，自動車保険，自賠責保険，損害保険，役員生命保険，経営者保険，団体定期保険，郵便保険，盗難保険，倒産防止掛金などです。

仕　訳　例

4月 15日　自動車保険代20,000円を現金で支払った。

借方科目／補助	借方金額	貸方科目／補助	貸方金額	摘要
保険料	20,000	現金	20,000	自動車保険代

新聞図書費

　業務上必要な書籍，雑誌，新聞などの支出を処理する勘定です。具体的には，雑誌購読料，書籍購入費，新聞購読料，業者名簿，年間購読料，地図などです。

仕　訳　例

4月 15日　新聞購読料4,400円を現金で支払った。

借方科目／補助	借方金額	貸方科目／補助	貸方金額	摘要
新聞図書費	4,400	現金	4,400	新聞購読料

会議費

　会社の業務に関連して，社内又は社外で行われる商談や打ち合わせなどの会議の時に支出した項目を処理する勘定です。具体的には，会議室利用料，会議中の弁当代，昼食代，夜食代，喫茶代，茶菓子代などです。

仕　訳　例

4月 15日　会議用弁当代4,860円(3名分)を現金で支払った。

借方科目／補助	借方金額	貸方科目／補助	貸方金額	摘要
会議費	4,860	現金	4,860	会議　昼食代3名分

支払手数料

事務委託手数料や業務委託手数料などを処理する勘定です。具体的には，公認会計士手数料，税理士手数料，弁護士手数料，書類作成手数料，代理店手数料，斡旋手数料，紹介料，カード手数料，各種役所手数料，各種銀行手数料（振込手数料，為替手数料，夜間金庫使用料，残高証明発行料，FAX手数料，ファームバンキング手数料），メンテナンス料などです。

仕 訳 例

4月 15日　銀行の振込手数料550円を現金で支払った。

借方科目／補助	借方金額	貸方科目／補助	貸方金額	摘要
支払手数料	550	現金	550	振込手数料

雑費

雑費は，まれにしか発生せず，金額的にも小さく，どの勘定科目にも属さない支出を処理する勘定です。具体的には，ソフトバージョンアップ代，ゴミ処理代，清掃代などです。

仕 訳 例

4月 15日　廃棄ゴミ処理代1,100円を現金で支払った。

借方科目／補助	借方金額	貸方科目／補助	貸方金額	摘要
雑費	1,100	現金	1,100	廃棄ゴミ処理代

租税公課

国や地方自治体に支払った税金のうち，経費として認められる項目を処理する勘定です。具体的には，収入印紙代，店舗や倉庫などの事業用にかかる固定資産税などです。

仕 訳 例

4月 15日　収入印紙代6,000円分を購入し，現金で支払った。

借方科目／補助	借方金額	貸方科目／補助	貸方金額	摘要
租税公課	6,000	現金	6,000	収入印紙代

(2) 経費の月末整理

●経費科目に関する請求書の処理

　取引先から請求書が届いた際には，まず発注した内容と一致しているかを照合します。発注書の控えや納品書などと照合することで確認できます。次に，締日における請求金額が適切であるかについて，先月分の支払額などと突き合わせながら確認します。請求書の内容が正しいことを確認したうえで支払の準備を進めます。

　また，支払を完了した請求書に，支払印・支払日を記入しておくことで支払漏れや二重支払を防ぐことができます。この処理により，検証する際に会計ソフトから集計された未払金残高と支払印のない請求書の合計が一致しているかを確かめることができます。

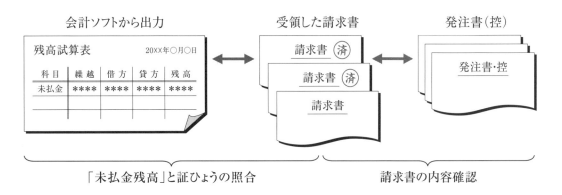

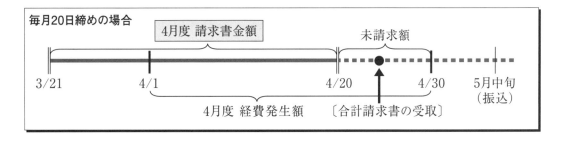

●経費科目に関する会計処理

　締日を設けて定時支払を行う場合，上記のように毎月20日締めで合計請求書を受け取り，当月分の費用勘定の借方と未払金勘定の貸方に計上します。

　なお，月次決算の処理では，当月分の損益を正しく算定するために未請求分である21日から月末までに発生した経費金額を費用勘定と未払費用勘定に計上して処理する場合があります。

4月28日　従業員から受け取った領収書によって起票された振替伝票にもとづき，会計データを入力してみましょう。

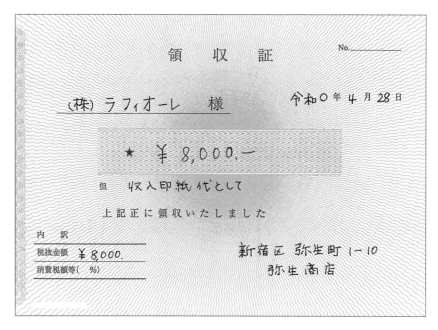

領 収 証	No._____
(株) ラフィオーレ　様	令和○ 年 4 月 28 日

★ ￥ 8,000.—

但　収入印紙代として

上記正に領収いたしました

内　訳

税抜金額　￥8,000.

消費税額等(%)

新宿区 弥生町 1-10
弥生商店

振替伝票

日付(D): 04/28

借方科目／補助	借方金額	貸方科目／補助	貸方金額	摘要
租税公課	8,000	現金	8,000	収入印紙

解　説 ••

　収入印紙は，印紙税法に従って，契約書や領収書に貼ることが決められています。費用として認められていますので，「租税公課」勘定でデータ入力します。切手代などの「通信費」勘定と間違えないようにしましょう。

5 その他の債権・債務等についての会計処理

　債権とは，相手に対してお金の支払を請求して受け取ることができる権利のことで，商品を売り渡して後日に代金を回収する売上債権や貸付金，未収金などがあります。

　債務とは，相手にお金を支払わなければならない義務のことで，商品を仕入れて代金を後日に支払う仕入債務や借入金，未払金，預り金などがあります。ここでは売上債権，仕入債務以外の債権，債務をいくつか取り上げて説明します。

●未払金に関する会計処理

　備品の購入や経費を後日に支払う場合などは，商品売買によって発生する仕入債務と区別して「未払金」勘定（負債）の貸方に入力します。請求書の受け取りは，後日に支払う金額が確定したことを意味します。

●借入金に関する会計処理

　金銭を借り入れた場合に発生する債務は，「借入金」勘定（負債）の貸方に入力し，返済した時は借方に記入します。金銭の借り入れにともなう利息の支払に関する会計処理は，元金と別に「支払利息」勘定（費用）で処理します。

● 例 題 3 - 8　　　　　　　　　　　　📖 P130　問題 3-8 ●

　4月25日　借入金返済計画にもとづき，赤坂銀行の当座預金口座から振り替えられました。借入金は「長期借入金」勘定で処理されており，今回は第7回次の返済にあたります。（元本返済額¥123,282　利息額¥5,662）

【借入金残高推移表】

日本政策金融公庫

回次	日　付	元本返済額	利息額	返済額	借入金残高
0	20××年 10月 1日	0	0	0	3,000,000
1	20××年 10月25日	123,354	3,452	126,806	2,876,646
2	20××年 11月25日	121,752	7,192	128,944	2,754,894
3	20××年 12月25日	122,057	6,887	128,944	2,632,837
4	20××年 1月25日	122,362	6,582	128,944	2,510,475
5	20××年 2月25日	122,668	6,276	128,944	2,387,807
6	20××年 3月25日	122,974	5,970	128,944	2,264,833
7	20××年 4月25日	123,282	5,662	128,944	2,141,551
8	20××年 5月～日	123,590	5,～	～944	2,017,961

振替伝票

日付(D)：04/25

借方科目／補助	借方金額	貸方科目／補助	貸方金額	摘要
長期借入金	123,282	当座預金 赤坂銀行	123,282	借入金返済額 （7回次）
支払利息	5,662	当座預金 赤坂銀行	5,662	借入金・支払利息分 （7回次）

●仮払金に関する会計処理

経費の支払を予定している従業員から事前に支払予定額の申請を受けた場合は，一時的に仮払金勘定の借方に入力処理して請求金額を現金で払い出します。

後日に，経費の精算書と領収書等にもとづいて費用勘定に振替処理します。なお，実際の支払額が仮払金を超えた場合は不足分を支払い，余った場合は従業員から返金してもらいます。

● 例 題 3 - 9　　　　　　　　　　　📖P130　問題3-9 ●

4月28日　稲葉氏から出張旅費の申請を受け，現金で仮払いした取引について，起票された振替伝票にもとづき，会計データを入力してみましょう。

振替伝票
日付(D)：04/28

借方科目／補助	借方金額	貸方科目／補助	貸方金額	摘要
仮払金	50,000	現金	50,000	稲葉氏に仮払い

4月30日　稲葉氏が帰社したので出張旅費を精算し，領収書と残金を受け取った取引について，起票された振替伝票にもとづき，会計データを入力してみましょう。

仮払精算書

日　付	20××年　4月28日
氏　名	稲葉浩一郎 ㊞
仮払日	20××年　4月28日
精算日	20××年　4月30日

仮払金額	¥50,000
出張旅費	¥27,500
ガソリン代	¥8,250
合計	¥35,750
残金	¥14,250

振替伝票
日付(D)：04/30

借方科目／補助	借方金額	貸方科目／補助	貸方金額	摘要
旅費交通費	27,500	仮払金	27,500	出張旅費
旅費交通費	8,250	仮払金	8,250	ガソリン代
現金	14,250	仮払金	14,250	残金戻し入れ

6 給与についての会計処理

　給与の計算は，タイムカードや出勤簿から出勤日数・欠勤日数・残業時間・遅刻時間など
の勤怠情報を確認したうえで，会社の就業規則（給与規定）にもとづいて行います。一般的
には「役員報酬」と「給与手当」を分けて処理します。また，時間給制のアルバイトなどに支
払った給与は，「給与手当」勘定に含めて処理しますが，区別して管理する場合は「雑給」勘
定などで処理します。

▶(1) 給与の支払と源泉徴収

　給与を支払う場合，事業主には，いくつか行わなければならない法的な手続きがあります。その1つが源泉徴収と呼ばれる制度で，事業主は従業員へ支払う給与から所得税・地方税（住民税）を天引きし，従業員（納税者）に代わって期日までに納付します。

　給与の支給形態には，月給制・日給月給制・日給制・時間給制などがあります。その計算方法や支給の仕方については，労働基準法をはじめ，健康保険法や所得税法などの法律によって規定されています。給与計算の担当者は，これらの法律の規定を把握したうえで，正確な事務処理に努めましょう。

支給形態の詳細

支給形態	詳　　　　細
①月給制	1ヵ月あたりの給与の額（基本月額）を定めて支払います。 欠勤や遅刻があった場合でも減額しません。
②日給月給制	1ヵ月あたりの給与の額（基本月額）を定めて支払います。 欠勤や遅刻があった場合は減額します。
③日給制	1日あたりの給与の額（基本日額）を定め，労働日数を乗じて基本給を計算します。遅刻があった場合は減額します。
④時間給制	1時間あたりの給与の額（基本時給）を定め，労働時間を乗じて基本給を計算します。

▶(2) 給与の計算と会計データ入力

　事業主は，給与の支払時に所得税のほか，従業員が負担する社会保険料（健康保険・厚生年金保険），労働保険料（雇用保険料）を給与・賞与から天引きして預かります。納期日までに事業主が負担する部分とあわせて納付します。

給与計算ソフトから出力される支払明細書は，次のような形式です。

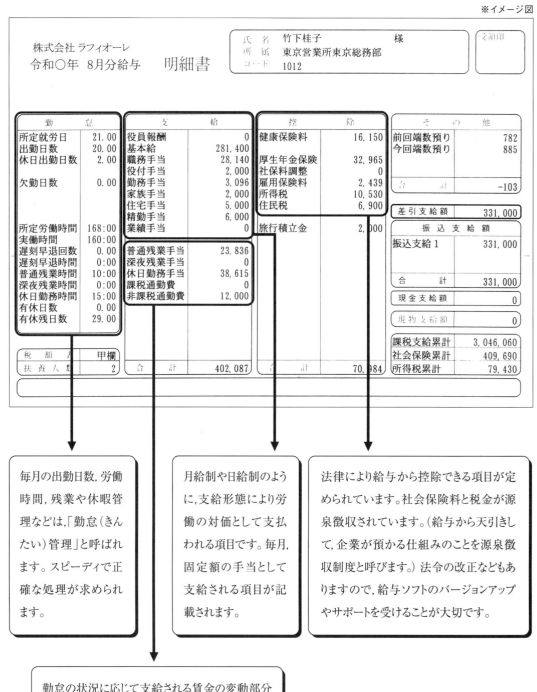

※イメージ図

毎月の出勤日数，労働時間，残業や休暇管理などは，「勤怠（きんたい）管理」と呼ばれます。スピーディで正確な処理が求められます。

月給制や日給制のように，支給形態により労働の対価として支払われる項目です。毎月，固定額の手当として支給される項目が記載されます。

法律により給与から控除できる項目が定められています。社会保険料と税金が源泉徴収されています。（給与から天引きして，企業が預かる仕組みのことを源泉徴収制度と呼びます。）法令の改正などもありますので，給与ソフトのバージョンアップやサポートを受けることが大切です。

勤怠の状況に応じて支給される賃金の変動部分です。交通費の金額も下段に記載されています。

給与計算の仕組み

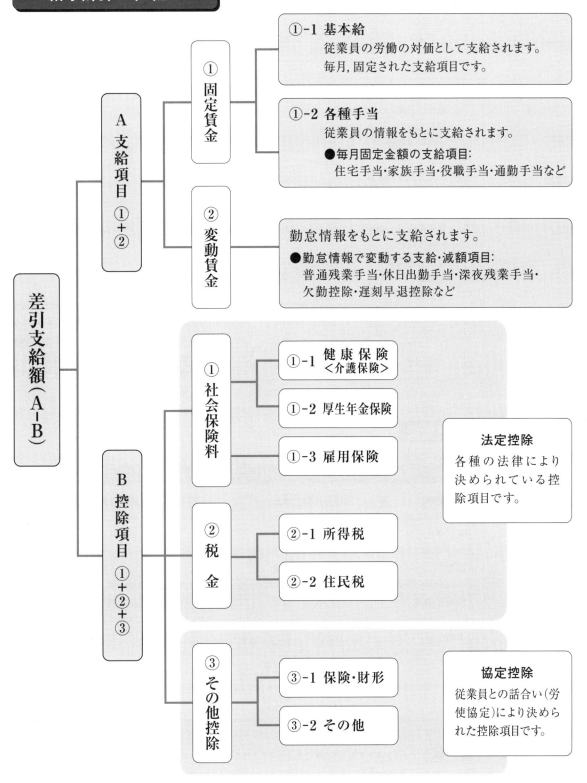

A 支給項目 ①+②

① 固定賃金

①-1 基本給
従業員の労働の対価として支給されます。
毎月, 固定された支給項目です。

①-2 各種手当
従業員の情報をもとに支給されます。
●毎月固定金額の支給項目:
　住宅手当・家族手当・役職手当・通勤手当など

② 変動賃金

勤怠情報をもとに支給されます。
●勤怠情報で変動する支給・減額項目:
　普通残業手当・休日出勤手当・深夜残業手当・
　欠勤控除・遅刻早退控除など

差引支給額(A−B)

B 控除項目 ①+②+③

① 社会保険料

①-1 健 康 保 険 <介護保険>

①-2 厚生年金保険

①-3 雇用保険

② 税 金

②-1 所得税

②-2 住民税

法定控除
各種の法律により決められている控除項目です。

③ その他控除

③-1 保険・財形

③-2 その他

協定控除
従業員との話合い(労使協定)により決められた控除項目です。

4月25日　給与明細一覧表から起票された振替伝票にもとづき, 会計データを入力してみましょう。

給与明細一覧表
令和○年 4月 25日支払

項 目 名	合 計
役員報酬	500,000
給与（月給）	918,000
給与（時給／アルバイト代）	48,000
非課税通勤費	32,400
課税支給合計	1,466,000
非課税支給合計	32,400
支 給 合 計	1,498,400
健康保険料	61,200
介護保険料	5,992
厚生年金保険	124,919
所得税	40,670
住民税	51,700
控 除 合 計	284,481
差引支給合計	1,213,919
現 金 支 給 額	1,213,919

※時間給制の従業員に対する給与支払について, ここでは「雑給」勘定で処理してみましょう。

※「給与明細一覧表」にある非課税通勤費とは, 所得税法における非課税所得であることを意味し, 給与手当として取り扱うのではなく旅費交通費として処理します。

振替伝票
日付(D)：04/25

借方科目／補助	借方金額	貸方科目／補助	貸方金額	摘要
役員報酬	500,000	現金	500,000	4月分　役員報酬
給料手当	918,000	現金	918,000	4月分　給与手当
雑給	48,000	現金	48,000	4月分　アルバイト代
旅費交通費	32,400	現金	32,400	通勤費
現金	192,111	預り金 社会保険料	192,111	社会保険料
現金	40,670	預り金 源泉所得税	40,670	源泉所得税
現金	51,700	預り金 住民税	51,700	住民税

解 説 ●●●

　ここでは, 企業の役員に支払う「役員報酬」と従業員に支払う「給料手当」, アルバイトに支払う「雑給」に分けて入力します。従業員が負担する所得税や社会保険料は, 企業が従業員の給与から差し引き, 期日に支払います。社会保険料の預り金は, 健康保険料¥61,200, 介護保険料¥5,992, 厚生年金保険料¥124,919を合計して処理してあります。

7 企業が関係する税金

　国や県・市などの地方公共団体は，住宅，下水道，道路，港湾などの整備，国民の健康や生活を守る社会保障，教育，科学技術の振興，国の防衛など，さまざまな行政活動を行っており，その大切な財源は，私たちが納める税金によってまかなわれています。

　税金には，いろいろな種類がありますが，税金をどこに納めるか（どこが徴収するか）によって**国税**と**地方税**に分けられ，地方税はさらに**道府県税**と**市町村税**に分けられます。

▶ (1) 国税と地方税

| 国　税 | 収入にかかる所得税や法人税，消費することに対してかかる消費税，贈与税など，国が徴収する（国に納める）税金を国税といいます。
契約書，領収書など一定の文書を作成した際に必要な収入印紙も印紙税という国税です。 |

| 地方税 | 地方公共団体が徴収する（地方公共団体に納める）税金で，道府県税と市町村税に分かれます。

道府県税は，道府県民税や事業税，不動産取得税などです。
東京都の場合は，都民税が道府県税に相当します。

市町村税は，市町村民税や固定資産税が代表的なものです。
東京都の場合は，特別区民税が市町村税に相当しますが，法人に対する市町村税の一部は，都が徴収しています。

＊ 道府県民税と市町村民税は，住民税と呼ばれます。 |

　税金の分類には「納め方」による分類があり，税金を納める人と負担する人が同じ場合を**直接税**といい，税金を納める人と負担する人が異なる場合を**間接税**といいます。

　たとえば，後に説明する消費税は，最終的には消費者が負担しますが，事業者が税金を納めるので間接税に分類されます。

| 直接税 | **直接税**は，税金を負担する人（会社）が，みずから税務署や市役所などへ納めなければならない税金で，法人税，事業税，住民税，固定資産税，自動車税などがあります。 |

| 間接税 | **間接税**は，消費税のように負担する税金が商品の購入代金や料金などに含まれており，販売，製造した業者が税金を預かって，消費者の代わりに納める税金です。 |

	直 接 税	間 接 税
国 税	所得税, 法人税, 相続税, 贈与税など	消費税, 登録免許税, 印紙税, 酒税, たばこ税など
地方税	道府県民税, 事業税, 自動車税, 市町村民税, 固定資産税, 軽自動車税など	地方消費税など

　次に,「何に対して課税するか」による分類としては,所得税や法人税のように個人や会社の所得に対して課税することを**所得課税**といいます。一方,消費税や酒税,たばこ税など物品の消費やサービスの提供などに対して課税することを**消費課税**といいます。

▶(2) 企業に関係する税金

　株式会社や有限会社,合名会社,合資会社,企業組合など,法律で「法人」と認められている団体は普通法人と呼ばれ,さまざまな種類の税金を納めます。

　会社(法人)が各事業年度でもうけた利益に対して課せられる税金が**法人税**です。

　法人税は,会社がもうけた利益,すなわち会社の所得に対して課税される税金です。会社の利益は,決算で収益の額から費用や損失の額を差し引いて計算しますが,法人税の計算では会社の決算利益 = 会社の所得ではありません。会計上の決算利益にいろいろな金額を加減して(税務調整),税法上の会社の所得を計算します。

　会社が行う事業に対して,その会社の事務所や事業所が所在する都道府県が課税する税金が**法人事業税**で,納付先は各地方自治体になります。法人が事業を行うにあたって利用している道路や消防などのさまざまな公共サービスや公共施設について,その経費の一部を負担する目的で課税されるものです。

　また,住民税は,個人ばかりでなく会社などの法人にもかかります。**法人住民税**は**法人道府県民税**と**法人市町村民税**の総称で,その事務所や事業所が所在する道府県と市町村に納めなければなりません。

　さらに,土地,建物や構築物,機械装置など,会社が持っている財産に課税される税金が地方税の1つである**固定資産税**です。自動車の所有者に対しては,都道府県が課税する**自動車税**もあります。

　会社が納める税金には,このほか,取引に課税される税金として,契約書を取り交わした際に貼る収入印紙も**印紙税**という国税になります。また,会社を設立した時や増資した時の登記,あるいは,特許権など法律上の権利を登録する時,免許を受ける時などに課せられる税金を**登録免許税**といいます。固定資産税や印紙税などのように財産や取引に課せられる税金は,「租税公課」として費用に計上することができます。

▶(3)法人税の仕組み

●法人税の計算

　法人税は会社がもうけた利益，すなわち会社（法人）の所得に対して課税される税金です。会社の利益は，決算で収益の額から費用や損失の額を差し引いて計算します。

　しかし，法人税法では，会社の決算利益 ＝ 会社の所得ではありません。会計上の決算利益にいろいろな金額を加減して（税務調整），税法上の会社の所得を計算します。

　法人税法では，収益を**益金**，費用・損失を**損金**といいます。益金と収益，損金と費用や損失は同じようなものですが，特別な規定が設けられているため，必ずしも一致しません。

　たとえば，会計上は収益とされている項目でも，益金として認められないもの（益金不算入）があります。また，費用や損失とされている項目の中にも，税法上では損金として認められないもの（損金不算入）があります。

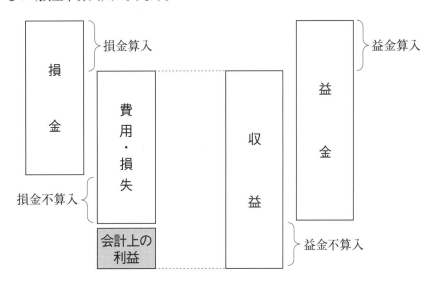

　法人税の課税対象になる所得金額は，益金の額と損金の額との差額です。そこで，会社が計算した当期利益をもとにして，加算と減算の税務調整（申告調整）を行って，所得金額を計算します。各事業年度の法人税額は，各事業年度の所得の金額に税率を乗じて計算します。

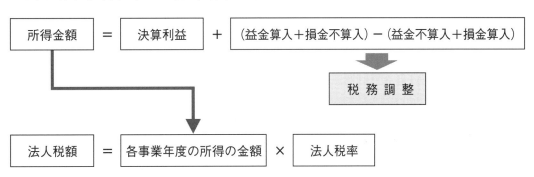

●納税スケジュール

　会社は，事業年度終了ごとに，その終了日の翌日から2ヶ月以内に確定申告書を本社の所在地の税務署長に提出し，その税額を納付します。これを，確定申告といいます。

　決算時に確定した法人税は，決算日に当期分の未払として「未払法人税等」「未払税金」などの勘定科目で処理しておきます。

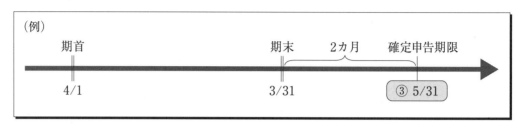

　また，会社は，法人税の前年度分（年間）の申告・納付額が20万円を超えた場合，事業年度開始の日以後6ヶ月を経過した日から2ヶ月以内に，前事業年度の法人税額の2分の1（または中間仮決算による見積額）を予定申告して納めなければなりません。これを中間（予定）申告といいます。

　決算期末では，中間に納付した税金を振り替える処理を行います。

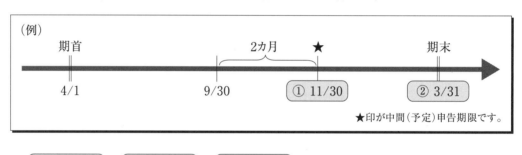

※　①：中間申告　　②：年次決算　　③：納付時

●法人税の会計処理

　期中に納付した中間申告の税金は，一時「仮払法人税等」や「仮払税金」などの勘定科目で処理します。

仕　訳　例				

11月30日（例）　中間申告を行い，前年度の法人税額￥700,000の1/2を納付した。

借方科目／補助	借方金額	貸方科目／補助	貸方金額	摘要
仮払法人税等	350,000	現金	350,000	中間申告・納付

※仮払いの処理をしないで，直接に法人税及び住民税等に入力処理する方法もあります。

決算期末に確定した税額にもとづいて，仮払処理した税金を振り替えると同時に未払額を「未払法人税等」や「未払税金」などの勘定科目に入力処理します。

仕 訳 例

3月31日（例） 決算に際して，法人税¥900,000を計上した。

借方科目／補助	借方金額	貸方科目／補助	貸方金額	摘要
法人税等	900,000	仮払法人税等	350,000	法人税等中間納付分
		未払法人税等	550,000	法人税等未払分

決算後2ヶ月以内に，確定した税額に対する未払額を納付します。

仕 訳 例

5月25日（例） 法人税の確定申告を行い，中間申告分を差し引き，¥550,000を納付した。

借方科目／補助	借方金額	貸方科目／補助	貸方金額	摘要
未払法人税等	550,000	現金	550,000	確定法人税等の納付

▶ (4) 消費税の仕組み

●消費税がかかる取引

　消費税は，国内で行われる取引に対してかかる税金で，商品・サービスの価格に上乗せされます。このうち，課税される取引は，会社や個人事業者が事業として行った取引でかつ，対価を得て行う取引を対象としています。

　国外で行われる取引については，原則として消費税は課税されませんが，国外から商品などを輸入する場合は，商品引取時に消費税が課税されます。

　事業者は，売上金額に消費税を上乗せして代金を受け取りますが，仕入や経費を支払う際に消費税を支払います。売上時に預かった消費税と支払った消費税の差額分を納付することになりますので，事業主が消費税を負担することはありません。

　下図のように，消費者が消費税込の商品を購入するまでにいくつもの取引を重ね，取引ごとに消費税分を上乗せしていくことになりますが，消費税を最終的に負担するのは消費者です。

　つまり，消費税は，販売する商品・サービスの価格に上乗せされて，次々と転嫁され，最終的に消費者が負担する税金です。

　このように，消費税は税金を負担する人が消費者で，納める人が事業者ですので間接税ということになります。

【消費税の計算】

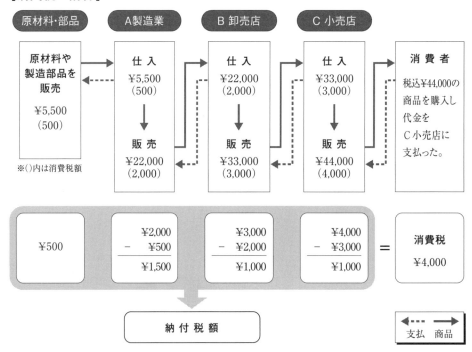

※()内は消費税額

●課税対象外(不課税)取引と非課税取引について

　消費税の課税の対象は，国内において事業者が事業として，対価を得て行った取引と輸入取引です。この要件にあたらない取引は，消費税の課税対象外のもので消費税はかかりません。この取引を一般的に**課税対象外(不課税)取引**といいます。

　「対価を得て」とは，商品(もの)の受け渡しやサービスの提供とお金の支払(受取)との間に対応関係や因果関係があるということです。

　なお，給与の支払等は，雇用契約にもとづく労働の対価であり，「事業」として行うものではないので課税の対象から除外されます。

　また，現金で支給されるお祝い金，見舞金，香典などの慶弔金に関する消費税は，対価性がないものとして課税対象外(不課税)になります。

　従業員やその親族などのお祝いや不幸などに際して，社内の規定(慶弔見舞金規定など)に従って支給される金品は福利厚生費として処理し，支払先が社外の者(取引先の従業員など)の場合は交際費として処理します。

　福利厚生費や交際費は，会計ソフトでは，課税対象として設定されている勘定科目であるため，課税対象外(不課税)取引が発生した際にはその都度，課税対象外(不課税)取引として指定し入力しなければなりません。

　一方，消費税の性格上，税金をかけること(課税)が望ましくない取引や社会政策上の配慮から消費税を課税しない取引があります。このような種類の取引を**非課税取引**といいます。

　たとえば，収入印紙や商品券，プリペイドカードなどの購入，利息の支払・受取，保険料の支払，または学校の入学金や授業料，医療費などは，非課税取引として消費税はかかりません。

●課税事業者とは

　基準期間（個人事業者は前々年，会社は前々事業年度）の課税売上高が1,000万円を超えている事業者は，顧客から預かった消費税を国に納める義務があります。この要件に該当する事業者を**課税事業者**といい，これ以外の事業者は**免税事業者**になります。なお，課税売上高とは，消費税が課税される取引に対する売上高のことで，本業以外の取引でも課税期間中に発生したすべての課税売上高が対象になります。

　また，基準期間の判定で課税事業者とならなかった場合でも，特定期間（前事業年度開始の日から6か月の期間）における課税売上高が1,000万円を超えた場合は課税事業者になります。

　なお，特定期間中の課税売上高に代えて，特定期間中に支払った給与の額での判定も認められています。

▶(5) 消費税の税率と軽減税率

　消費税には，国税である**消費税**と地方税である**地方消費税**があり，あわせて消費税等といいます。消費税の税率は7.8％，地方消費税の税率は2.2％で，あわせて10％の税率です。

　消費税は，社会保障の安定財源の確保等を図るために，2014年4月から8％（国税6.3％，地方税1.7％）に引き上げられ，その後，2019年10月から税率10％へ引き上げられました。

　この消費税10％の引き上げと同時に**軽減税率制度**が導入されました。この制度は，消費者が日々の生活において消費しているものに係る消費税増税分を軽減し，消費者の負担を緩和することを目的として導入されたものです。

　具体的には「飲食料品（酒類・外食を除く）」と「週2回以上発行される定期購読新聞」に対して税率8％をそのまま据え置くことになりました。これにより，標準税率（10％）と軽減税率（8％）という複数の税率が適用されることになります。

　軽減税率の対象品目である飲食料品や新聞を商品として扱う業界は，直接，売上・仕入の両面で消費税の計算に大きな影響を及ぼします。この軽減税率の制度は，対象商品の販売がないから関係ないということはなく，ほぼすべての企業に影響します。

　なぜならば，会議用・来客用の飲み物や従業員用の弁当の購入，そして，日刊新聞などが定期購読の契約で会社に配達されており，多くの企業がさまざまな場面で軽減税率対象商品を購入して経費に計上しているからです。

　購入した際に，税率区分ごとの経理処理が求められる軽減税率の対象品目は，次の通りです。（例示）
- 経費で日刊新聞や業界新聞，英字新聞を定期購読契約している。（週2回以上発行）
- 会議用に人数分のペットボトルのお茶を購入した。
- 会議中の役員や従業員用に弁当を購入した。

- 従業員用のコーヒーサーバーを設置しており，定期的にコーヒー豆を購入している。

- 来客用のコーヒーと茶菓子を購入した。

- 取引先に飲食料品のお中元やお歳暮を送った。

- 取引先に手みやげ品として菓子類を購入した。

- 展示会などで接客にあたる従業員や取引先用に弁当とお茶を購入した。

　なお，ビールなどのアルコール類，単発で発行される業界誌・雑誌類，コンビニや駅で販売されている新聞・雑誌などを購入した場合やレストランなどでの食事代は，軽減税率の対象ではなく標準税率の対象品目です。

●インボイス制度導入による請求書と領収書

　軽減税率制度が導入されたことにより軽減税率の適用対象となる品目とそれ以外の品目を明確に区分した請求書や領収書等が必要になり，令和5年10月からは「適格請求書等保存方式（インボイス制度）」が適用されることになりました。

　消費税を納付している法人は，売上時の受取額に含まれている消費税額（仮受）から仕入や経費などの支払時に含まれている消費税額（仮受）を差し引いて納税する場合があります。

　この仮払いしている消費税額を差し引く際には，支払先が交付するインボイス（適格請求書等）の保存が必要となり，インボイスが交付されない場合，仮払いの消費税分を控除できずに消費税額を算定して納付することになりました。なお，「負担軽減措置」や「経過措置期間」があります。

　次のような項目が領収書に記載されているかを確認しましょう。

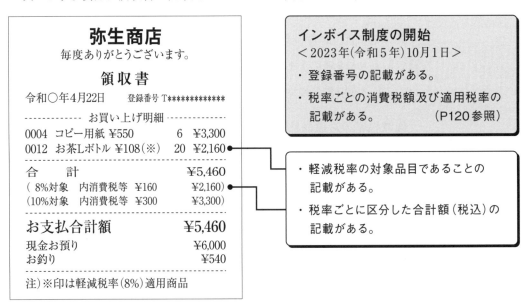

<適格簡易請求書保存方式>
適格簡易請求書は「書類の交付を受ける事業者の氏名または名称」の記載がありません。

●本則課税と簡易課税

　課税事業者は，原則として，課税売上げに係る消費税額から課税仕入れ等に係る消費税額を差し引いて，その差額を納付することになります。これを，本則課税といいます。

　その一方で，中小事業者の事務負担を軽減するため，基準期間の課税売上高が5,000万円以下の事業者は，選択により「簡易課税制度」の適用を受けることができます。

　簡易課税制度とは，仕入時に支払った金額に関係なく，売上高に対する消費税額（預かった消費税）の一定割合を支払った消費税額（仕入れ等に対する消費税額）とみなして，納付する消費税額を計算できる制度です。この一定割合は「みなし仕入率」と呼ばれ，この率を利用することで課税売上高から概算で納付税額を計算することができます。

　簡易課税制度における課税仕入れ等に係る消費税額は，課税売上げに係る消費税額に事業に応じた「みなし仕入れ率」を乗じて算定します。ここでの「課税売上高」は消費税抜きの売上高です。

納付する消費税額	＝	課税売上げに係る消費税額 課税売上高×10％	－	課税仕入れ等に係る消費税額 （課税売上高×10％）×みなし仕入率

　事業者が2つ以上の事業を行っている場合，原則としてはその事業区分ごとに課税売上を分けて計算・集計しなければなりませんが，一定の条件を満たす場合は1つの事業区分のみなし仕入れ率を用いて計算することができます。

	事　業　内　容	みなし仕入率
第1種事業	卸売業	90％
第2種事業	小売業 （農業，林業，漁業のうち飲食料品を扱う事業）	80％
第3種事業	農業，林業，漁業，建設業，鉱業，製造業，製造小売業など	70％
第4種事業	飲食店業 （第1種，第2種，第3種，第5種及び第6種の事業以外の事業）	60％
第5種事業	金融業及び保険業，運輸通信業，サービス業（飲食店業を除く）	50％
第6種事業	不動産業	40％

※軽減税率制度実施後も納税額の計算方法は同じですが，標準率（10％）と軽減税率（8％）ごとに区分して税額計算をすることになります。

▶(6) 消費税の会計処理

①税抜経理方式と税込経理方式

　消費税の会計処理の方法としては，**税抜経理方式**と**税込経理方式**の2つの処理方法があります。どちらの方法を採用するかは，会社の自由で，納付する消費税の金額もほぼ同じです。

　税抜経理方式とは消費税額と売上高・仕入高の金額を区別して処理する方法で，税込経理方式とは消費税額等を売上高や仕入高の金額に含めて処理する方法です。税込経理方式では，売上高や仕入高の金額が消費税の分だけ増額して集計されます。

②税抜経理方式と会計ソフトの入力金額

　弥生会計では，税抜経理方式を選択した場合は，仕訳入力時の消費税の入力方式を「内税入力」「外税入力」「別記入力」から選択できます。

　「別記入力」以外を選択した場合，入力した金額から自動的に消費税が計算され，仮払消費税勘定と仮受消費税勘定に集計されて仕訳が記録されますので，消費税に関する仕訳を入力する必要がありません。つまり，税抜経理方式を採用した場合でも「内税入力」を選択した時は，税込の取引金額を入力することになります。

●消費税の仕訳例

税込経理方式

仕　　入

借方科目／補助	借方金額	貸方科目／補助	貸方金額	摘要
仕入	1,100	買掛金	1,100	

売　　上

借方科目／補助	借方金額	貸方科目／補助	貸方金額	摘要
売掛金	4,400	売上高	4,400	

期　　末

借方科目／補助	借方金額	貸方科目／補助	貸方金額	摘要
租税公課	300	未払消費税等	300	

納　　付

借方科目／補助	借方金額	貸方科目／補助	貸方金額	摘要
未払消費税等	300	現金	300	

**税抜経理方式
内税入力**

仕　入

借方科目／補助	借方金額	貸方科目／補助	貸方金額	摘要
仕入	1,100 （100	買掛金	1,100	

売　上

借方科目／補助	借方金額	貸方科目／補助	貸方金額	摘要
売掛金	4,400	売上高	4,400 （400	

期　末

借方科目／補助	借方金額	貸方科目／補助	貸方金額	摘要
仮受消費税等	400	仮払消費税等	100	
		未払消費税等	300	

納　付

借方科目／補助	借方金額	貸方科目／補助	貸方金額	摘要
未払消費税等	300	現金	300	

**税抜経理方式
外税入力**

仕　入

借方科目／補助	借方金額	貸方科目／補助	貸方金額	摘要
仕入	1,000 100	買掛金	1,100	

売　上

借方科目／補助	借方金額	貸方科目／補助	貸方金額	摘要
売掛金	4,400	売上高	4,000 400	

※決算・納付時の仕訳は，内税入力，外税入力に違いはありません。

●納税スケジュール

　課税事業者は，課税期間ごとに，その末日の翌日から2カ月以内に消費税と地方消費税をあわせて税務署に確定申告書を提出し，その税額を納付します。通常，会社の課税期間は会計年度です。

　会社の会計期間が4月1日から3月31日の場合，確定申告期限は2ヶ月後の5月末日です。直前の課税期間の消費税額が48万円を超えている事業者は，中間申告をする義務があります。

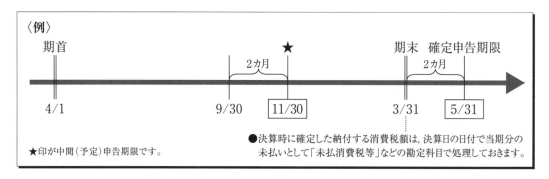

(7)消費税の総額表示とインボイス制度について

●消費税の総額表示について

　消費者に商品の販売やサービスを提供する課税事業者は，値札やチラシ，パンフレット等において価格を表示する際に，本体価格に消費税額（地方消費税額を含む）を含めた価格で表示する義務（総額表示義務）があります。これは，消費者に消費税を含む支払総額をわかりやすく表示するために義務化されたものです。

　たとえば，次のような表示になります。（消費税10％）

| 11,000円（税込） | 11,000円（税抜価格10,000円） | 11,000円（うち消費税額等1,000円） |

●インボイス制度（適格請求書等保存方法）について

　令和5年10月から「適格請求書等保存方式（インボイス制度）」が導入されました。「適格請求書等（インボイス）」に記載する項目は，原則として，①発行事業者の氏名または名称および登録番号 ②取引年月日 ③取引内容（軽減税率の対象品目である旨）④税率ごとに区分して合計した対価の額（税抜または税込）および適用税率 ⑤税率ごとに区分した消費税額等 ⑥書類の交付を受ける事業者の氏名または名称の6項目です。

　消費税の納付額は，原則として，売上時の受取額に含まれている消費税額（仮受）から仕入や経費などの支払時に含まれている消費税額（仮払）を差し引いて納税する場合があります。この支払った消費税額（仮払）を差し引くには，支払先が交付するインボイス（適格請求書等）の保存が必要となります。（「負担軽減措置」や「経過措置期間」があります。）

練習問題

8 証ひょうにもとづく起票とデータ入力

⌨🖱 入力練習 「株式会社ラフィオーレ3章練習問題(4期)」の学習用データを復元して使用します。〈P51参照〉

●問題3-1 現金預金についての会計処理　解答PDF P23

　領収書や納品書などの証ひょう類から振替伝票を起票し, 会計データを入力してみましょう。

設問1　預金の預入 ・・

4月15日

手もとの現金を赤坂銀行の夜間金庫に預け入れた。

夜間金庫入金票

口座番号	1 9 6 0 7 2 8	店番	本支店勘定		日付 20XX年4月15日

受入金額	
1万円	28 0 000
5千円	70 000
2千円	000
千円	20 000
500円	0 0
100円	0 0
50円	0
10円	0
5円	0
1円	0
計	¥ 370 000

おところ　東京都新宿区弥生町1丁目11番11号

おなまえ　(株)ラフィオーレ　　　　様

お届け印

金額の頭部に¥マークをおつけください。

金額　　　　十億　　　百万　　　千　　　円
¥ 3 7 0 0 0 0

振替伝票	日付(D):				
借方科目／補助	借方金額	貸方科目／補助	貸方金額	摘要

(注)「普通預金」勘定の補助科目には,「赤坂銀行」が設けられています。

設問2 小切手の受取 ・・

4月16日

中央産業㈱の掛代金回収として, 次の小切手を受け取り, 金庫に保管した。

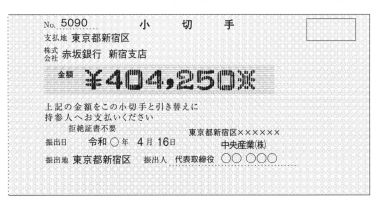

振替伝票	日付(D):			
借方科目／補助	借方金額	貸方科目／補助	貸方金額	摘要

●問題3-2 預金の引出

次の払戻請求書にもとづいて, 振替伝票に起票し, 会計データを入力してみましょう。

4月17日

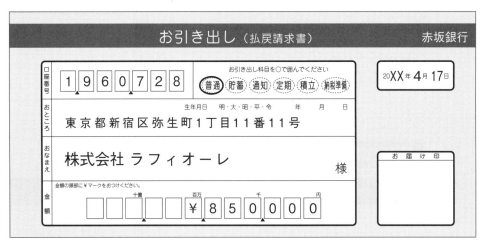

振替伝票	日付(D):			
借方科目／補助	借方金額	貸方科目／補助	貸方金額	摘要

次の証ひょう類にもとづいて，振替伝票に起票し，会計データを入力してみましょう。

4月17日

総合振込依頼書

赤坂 銀行 殿

ご依頼人名	フリガナ	ラフィオーレ			取組指定日	令和 ○年 4月 18日
		(株)ラフィオーレ 様				
	ご連絡先電話番号	03-4567-7890			枚中／枚目	1／1

送信番号	振込先 銀行	支店	預金種目	口座番号	フリガナ お受取人	金額 円	電信指定	手数料	照査印発行印
	赤坂銀行	新宿	普当	9870	ジョウサイコウコクシャ 城西広告社	330,000		550	
	赤坂銀行	新宿	普当	4510	ヨツバウンユ カブ 四葉運輸(株)	220,000		550	
				小計 2件		550,000	小計	1,100	
				合計 2		550,000	合計	1,100	

※城西広告社と四葉運輸㈱から請求書を受け取った時点で，費用勘定と未払金勘定に入力
済であるとして，ここでは未払金を消し込みます。

※「未払金」勘定の補助科目には，「広告宣伝」と「荷造運賃」の2つが設けられています。

※取組指定日で入力しましょう。

振替伝票　日付(D):

借方科目／補助	借方金額	貸方科目／補助	貸方金額	摘要

※振込手数料(「支払手数料」勘定)は，合計金額で処理することもできます。

次の納品書にもとづいて，振替伝票に起票し，会計データを入力してみましょう。

4月18日

納 品 書

令和○年04月18日

123-1111
東京都新宿区弥生町1-11-11

株式会社ラフィオーレ 御中

400-0000 山梨県甲府市信玄町２－４－４１
有限会社 **富 士**
TEL 055-456-7777 FAX 055-456-7778

商品コード/商品名	数量	単位	単価	金額	備考
GRS-SET-0000 パーティグラスセット	5	箱	100,000	500,000	課
GRS-TKS-0003 ターコイズ デキャンタ	50	個	15,000	750,000	課
	税抜額	1,250,000	消費税額	125,000	合計	1,375,000

振替伝票 日付(D):

借方科目／補助	借方金額	貸方科目／補助	貸方金額	摘要

4月19日

納 品 書

20××年04月19日

123-1111
東京都新宿区弥生町1-11-11

株式会社 ラフィオーレ 御中

451-5555 愛知県名古屋市西区西町9-99-111

アトラス株式会社

毎度お引立て頂きまして有難うございます。

商品コード/商品名	数量	単位	単価	金額	備考
CUP-SOT-001 ソフトストロベリーティーカップ＆ソーサー	50	個	2,000	100,000	課
CUP-TKS-0002 ターコイズ ティーカップ＆ソーサー	50	組	4,375	218,750	課
CUP-XCB-0003 コロンビア ティーカップ＆ソーサー	50	組	7,000	350,000	課
	税抜額	668,750	消費税額	66,875	合計	735,625

振替伝票 日付(D):

借方科目／補助	借方金額	貸方科目／補助	貸方金額	摘要

●問題3-5 掛売上

次の売上伝票(納品書(控))にもとづいて,振替伝票に起票し,会計データを入力してみましょう。

4月20日

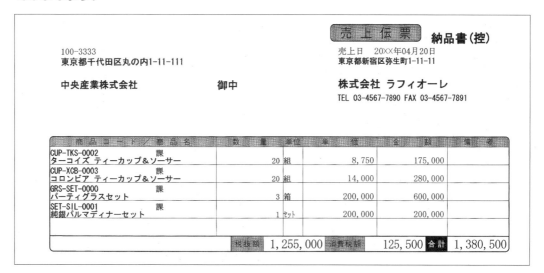

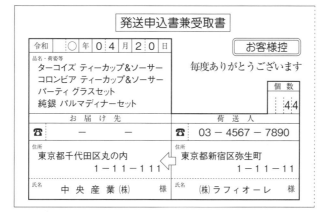

四葉運輸㈱に依頼した発送費は,締日後に発行される合計請求書を受け取った時に,借方「荷造運賃」,貸方「未払金」(補助科目:荷造運賃)と入力します。

振替伝票	日付(D):			
借方科目／補助	借方金額	貸方科目／補助	貸方金額	摘要

※「売掛金」勘定の補助科目には,「厚木産業㈱」「㈲文京食器店」「中央産業㈱」が設けられています。証ひょうを確認して適切な補助科目を使用しましょう。

※ショップでの販売と区別するため,掛販売では「一般売上高」勘定を使用します。

●問題3-6 現金販売（ショップ販売）

次のレジペーパーを集計した「レジスタ売上集計表」にもとづいて，振替伝票を起票し，会計データを入力してみましょう。

4月20日

レジスタ売上集計表			20××.4.20
商品コード	個数	税抜単価	売上代金
MAG-XTO-0001	10	@¥2,500	¥25,000
MAG-XTO-0002	5	@¥4,200	¥21,000
MAG-XTO-0003	10	@¥3,000	¥30,000
		消費税額	¥7,600
合計　売上高			¥83,600

振替伝票　日付(D)：

借方科目／補助	借方金額	貸方科目／補助	貸方金額	摘要

※現金販売では，掛販売と区別するために「ショップ売上高」勘定を使用します。

4月21日

レジスタ売上集計表			20××.4.21
商品コード	個数	税抜単価	売上代金
CUP-SOT-001	6	@¥4,000	¥24,000
CUP-TKS-0002	10	@¥8,750	¥87,500
		消費税額	¥11,150
合計　売上高			¥122,650

振替伝票　日付(D)：

借方科目／補助	借方金額	貸方科目／補助	貸方金額	摘要

●問題3-7 経費の支払

 解答 PDF P26

次の領収書などにもとづいて，振替伝票を起票し，会計データを入力してみましょう。

設問1 切手の購入 ・・・・・・・・・・・・・・・・・・・・・・・・・・・・・・

4月22日

切手4,200円分を現金で購入した。

領収書

(株) ラフィオーレ 様

[販売]
84円普通切手
　　　84円　50枚　　　¥4,200

- - - - - - - - - - - -

小　計　　　　　　　　　¥4,200

課税計(10%)　　　　　　　　¥0
(内消費税等(10%)　　　　　¥0)
非課税計　　　　　　　　¥4,200

合計　　　　　¥4,200
お預り金額　　　　　　　¥4,200

〒100-8792　日本郵便株式会社
東京都千代田区大手町２－３－１
登録番号　T＊＊＊＊＊＊＊＊＊＊＊＊
取扱日時：20××年4月　22日
連絡先：○○郵便局

振替伝票	日付(D):				
借方科目／補助	借方金額	貸方科目／補助	貸方金額	摘要	

設問2 消耗品の購入 ・・・・・・・・・・・・・・・・・・・・・・・・・・・・・・

4月23日

電球など4,400円を購入し, 現金で支払った。

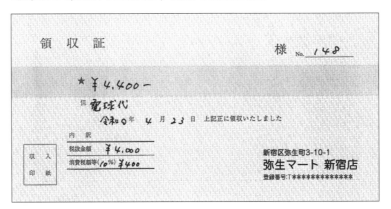

領 収 証		様 No. _148_

★ ¥ 4,400 −
但 電球代
令和○年 4 月 23 日 上記正に領収いたしました

内 訳
税抜金額 ¥ 4,000
消費税額等(10%) ¥400

収入印紙

新宿区弥生町3-10-1
弥生マート 新宿店
登録番号:T＊＊＊＊＊＊＊＊＊＊＊＊

振替伝票	日付(D):

借方科目／補助	借方金額	貸方科目／補助	貸方金額	摘要

設問3 飲食代（交際費） ・・・・・・・・・・・・・・・・・・・・・・・・・・・・・・

4月24日

会議後, 取引先と食事をした。（現金払い）

領 収 証		様 No._____

★ ¥ 8,580 −
但 御飲食代（3人様）
令和○年 4 月 24 日 上記正に領収いたしました

内 訳
税抜金額 ¥ 7,800
消費税額等(10%) ¥780

収入印紙

中央区日本橋室町7-28-1
レストラン室町
登録番号:T＊＊＊＊＊＊＊＊＊＊＊＊

振替伝票	日付(D):

借方科目／補助	借方金額	貸方科目／補助	貸方金額	摘要

設問4　諸経費の自動引落 ・・・・・・・・・・・・・・・・・・・・・・・・・・・・・

　普通預金（赤坂銀行）からの自動引落について，当社未記帳分の会計データを入力
してみましょう。（自動引落の日付で入力します。）

4月26日

未記帳分：4月26日　家賃支払（スター不動産㈱）

　　　　　4月26日　月極駐車場代（スター不動産㈱）

赤坂銀行

普通預金

	年－月－日	摘要	お支払金額	お預り金額	差引残高
			──── （省　略） ────		
9	○.04.18	振込	330,000	ジョウサイコウコク	※※※※※
10	○.04.18	振込	550		※※※※※
11	○.04.18	振込	220,000	ヨツバウンユ.カ)	※※※※※
12	○.04.18	振込	550		※※※※※
13	○.04.26	振替	110,000	スターフドウサン	※※※※※
14	○.04.26	振替	33,000	スターフドウサン	※※※※※

振替伝票　　日付(D):

借方科目／補助	借方金額	貸方科目／補助	貸方金額	摘要

●問題3-8 その他の債権・債務等の処理　解答PDF P28 ●

①四葉運輸㈱から4月分(3/21〜4/20)の発送運賃の請求明細書が到着しましたので請求書の日付で振替伝票を起票します。

3月21日から4月20日までの発送運賃140,800円を荷造運賃勘定と未払金勘定(補助科目：荷造運賃)に入力してみましょう。(3/21〜3/31の発送運賃は発生していない)

請 求 明 細 書

令和○年 4月20日

東京都新宿区弥生町1-11-11
株式会社 **ラフィオーレ**　御中

東京都新宿区東新宿 2-○-○
四葉運輸株式会社
TEL 03-4569-4561　FAX 03-4569-4562
取引銀行　赤坂銀行　新宿支店　普 1624510
登録番号：T**************

今月の請求金額は下記のとおりです。

前回御請求額	御入金額	繰越金額	今回御買上額	消費税	今回御請求額
220,000	220,000	0	140,800	12,800	140,800

日付 伝票番号	商品コード/商品名	数量

振替伝票　日付(D)：

借方科目／補助	借方金額	貸方科目／補助	貸方金額	摘要

※届いた請求書を「未払金」勘定に計上する場合，支払先の請求書発行日で処理します。なお，毎月継続的に処理している場合は，当社がこの請求書を受け取った日付で処理する場合がありますが，年次決算に際して適切に修正しなければなりません。

●問題3-9 仮払金の処理　解答PDF P28 ●

出張旅費を現金で仮払いしましたので振替伝票に起票し，会計データを入力してみましょう。

仮払依頼書

日　付	20××年 4月 25日
氏　名	稲葉浩一郎 ㊞
仮払日	20××年 4月 25日
精算日	年 月 日

仮払金額	￥100,000

合計	￥100,000

残金	

振替伝票	日付(D):				
借方科目／補助	借方金額	貸方科目／補助	貸方金額	摘要	

4月28日

　4月25日に仮払いした出張費を精算し，残金を現金で受け取りましたので振替伝票に起票し，会計データを入力してみましょう。

仮払精算書

日　付	20××年 4月 28日
氏　名	稲葉浩一郎 ㊞
仮払日	20××年 4月 25日
精算日	20××年 4月 28日
仮払金額	¥100,000
出張旅費	¥26,180
会食代	¥20,350
ガソリン代	¥32,890
雑　費	¥3,245
合計	¥82,665
残金	¥17,335

振替伝票	日付(D):				
借方科目／補助	借方金額	貸方科目／補助	貸方金額	摘要	

※ガソリン代は，「旅費交通費」勘定で処理します。

次の給与明細一覧表にもとづき，振替伝票を起票し，会計データを入力してみましょう。（現金払）

4月30日

給与明細一覧表
令和○年 4月 30日支払

項 目 名	合 計
役員報酬	500,000
給与（月給）	918,000
給与（時給／アルバイト代）	48,000
非課税通勤費	32,400
支 給 合 計	1,498,400
健康保険料	61,200
介護保険料	5,992
厚生年金保険	124,919
所得税	40,670
住民税	51,700
控 除 合 計	284,481
差引支給合計	1,213,919
現 金 支 給 額	1,213,919

※時間給制の従業員に対する給与支払について，ここでは「雑給」勘定で処理します。

※「預り金」勘定の補助科目には，「社会保険料」「源泉所得税」「住民税」が設けられています。

※「社会保険料」について，ここでは健康保険料，介護保険料，厚生年金保険料に分けて入力します。

振替伝票　日付(D)：

借方科目／補助	借方金額	貸方科目／補助	貸方金額	摘要
				役員報酬
				給料手当
				アルバイト代
				通勤費
				健康保険料
				介護保険料
				厚生年金保険
				源泉所得税
				住民税

従業員用に日本茶のパックを現金で購入した取引が未処理でしたので, 振替伝票を起票し, 会計データを入力してみましょう。(解答は記入済)

4月12日

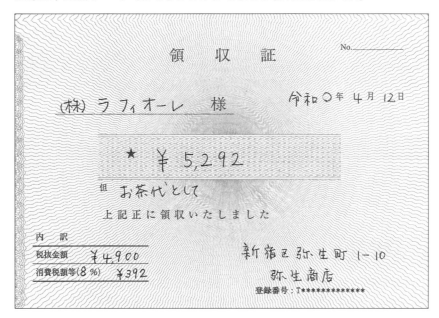

借方科目／補助	借方金額	貸方科目／補助	貸方金額	摘要
振替伝票 日付(D):				
福利厚生費	5,292	現金	5,292	従業員用お茶代

<参考>

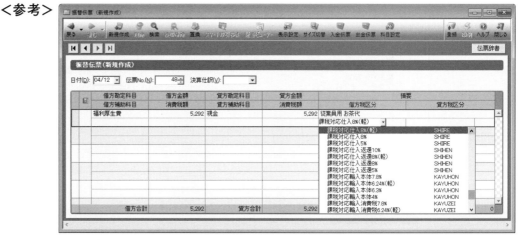

※日本茶は, 飲食料品ですので8%軽減税率の対象になります。軽減税率の取引を入力する場合は, [勘定科目] [補助科目] [金額] [摘要] などを入力した後に, [税区分] で「課税対応仕入8%(軽)」を選択して登録します。

問題3-12 総合問題

解答PDF P30

次の証ひょう類が未処理でしたので, 振替伝票を起票し, 会計データを入力してみましょう。

4月12日

レジスタ売上集計表			20××.4.12
商品コード	個数	税抜単価	売上代金
MAG-XTO-0001	5	@¥2,500	¥12,500
MAG-XTO-0002	5	@¥4,200	¥21,000
CUP-SOT-001	3	@¥4,000	¥12,000
MAG-XTO-0003	5	@¥3,000	¥15,000
CUP-TKS-0002	5	@¥8,750	¥43,750
		消費税額	¥10,425
合計 売上高			¥114,675

振替伝票　日付(D):

借方科目／補助	借方金額	貸方科目／補助	貸方金額	摘要

4月13日

売 上 伝 票　**納品書(控)**

243-8888
神奈川県厚木市葉山5-5-555

厚木産業　株式会社　　　　　御中

売上日　20××年04月13日
東京都新宿区弥生町1-11-11

株式会社 ラフィオーレ
TEL 03-4567-7890 FAX 03-4567-7891

商品コード／商品名	数　量	単位	単　価	金　額	備　考
MAG-XTO-0002　　　課 オリエントマグカップ	50	個	4,200	210,000	
MAG-XTO-0003　　　課 テルメス マグカップ	50	個	3,000	150,000	
	税抜額 360,000		消費税額 36,000	合計 396,000	

振替伝票　日付(D):

借方科目／補助	借方金額	貸方科目／補助	貸方金額	摘要

第4章 会計データの入力処理と集計

第**4**章

ダウンロードした「ラフィオーレ4章（4期）」の学習用データを復元します。

4月中の証ひょう類から振替伝票を起票し，入力処理します。

また，4月末の実際有高を示す資料と会計データを突き合わせることで，データ入力のチェックを行います。

第4章 会計データの入力処理と集計

1 証ひょうによるデータ入力

この章では，実際の証ひょうにもとづいて，会計データを入力してみましょう。

入力練習 「株式会社ラフィオーレ4章（4期）」の学習用データを復元して使用します。〈P51参照〉
※4章・5章・6章の例題に記載されている日付と曜日は，学習用のもので実際とは異なります。金融機関の休業日等は，テキストに記載されている日付と曜日にもとづいています。

企業では，いろいろな会計処理の方法があります。証ひょうから振替伝票を起票し，会計ソフトに入力する方法や証ひょうから会計ソフトへ直接入力し，帳簿を出力して保存する方法などがあります。ここでは，仕訳を確認するためにも振替伝票を起票してから入力します。

▶ (1) 株式会社ラフィオーレの基本情報

株式会社ラフィオーレは，ギフト用のコーヒーカップやグラスを販売している会社で，駅ビルにショップを持っています。このショップで小売りをしていますが，卸売りの得意先を5件持っています。仕入は，5社から商品を仕入れています。

会 社 の 基 本 情 報

経 営 形 態 ： 法人／一般
会 社 名 ： 株式会社 ラフィオーレ
所 在 地 ： 東京都新宿区弥生町1丁目11番11号
決 算 期 ： 第4期
会 計 期 間 ： 4月1日〜翌年3月31日
業 種 ： 卸売業・小売業
事 業 内 容 ： 高級ギフト用・コーヒーカップやグラスの販売
資 本 金 ： 1,000万円
代 表 取 締 役 ： 稲葉浩一郎
消 費 税 関 係 ： 課税事業者，簡易課税，税込経理方式，端数切捨 消費税率10%

当　社

氏　　名	役職	年齢	支給形態	住　所
稲葉浩一郎	取締役社長	48歳	月給制	杉並区
稲葉　亜季	経理担当	43歳	月給制	杉並区
佐藤　隆	営業担当	43歳	月給制	さいたま市
鈴木　直人	新入社員	22歳	月給制	川口市
藤原　訓子	パート	38歳	時間給制	新宿区
伊藤　未来	アルバイト	33歳	時間給制	新宿区

取扱商品

商品コード	商　品　名
CUP-SOT-001	ソフトストロベリーティーカップ&ソーサー
CUP-TKS-0002	ターコイズティーカップ&ソーサー
CUP-XCB-0003	コロンビアティーカップ&ソーサー
GRS-SET-0000	パーティグラスセット
GRS-SOT-0003	ソフト デキャンタ
GRS-TKS-0003	ターコイズ デキャンタ
MAG-XTO-0001	ピノン マグカップ
MAG-XTO-0002	オリエントマグカップ
MAG-XTO-0003	テルメス マグカップ
SET-SIL-0001	純銀パルマディナーセット

仕 入 先

仕入先 企業名	支払条件
株式会社アンデス	20日締め・翌月20日振込
アトラス株式会社	20日締め・翌月20日振込
有限会社富士	20日締め・翌月20日振込
橋本商会株式会社	20日締め・翌月25日小切手振出
オーヤマ株式会社	20日締め・翌月25日小切手振出

掛仕入

当　社

株式会社ラフィオーレ

●得意先への商品の発送は,四葉運輸㈱へ依頼します。合計請求書にもとづいて銀行振込依頼書を作成し,同時に当月分を費用と未払金に計上します。(荷造運賃は,20日締め翌月20日支払)

●ショップの売上金は,週末に銀行の夜間金庫へ預け入れます。(普通預金／赤坂銀行)

掛販売　　　　　　　　　　小　売

得 意 先

得意先 企業名	回収条件
厚木産業 株式会社	20日締め・翌月10日振込
有限会社 文京食器店	20日締め・翌月20日振込
中央産業 株式会社	20日締め・翌月10日振込
有限会社 市川ストア	20日締め・翌月20日振込
愛知マート 株式会社	20日締め・翌月10日振込

ショップでの現金販売

レジスタによる集計

(2) 株式会社ラフィオーレの勘定科目と補助科目

① 勘定科目（一部）

資 産	
現 金	当 座 預 金
普 通 預 金	定 期 預 金
定 期 積 金	売 掛 金
商 品	立 替 金
車 両 運 搬 具	工 具 器 具 備 品
差 入 保 証 金	

負 債	
買 掛 金	未 払 金
未 払 法 人 税 等	未 払 消 費 税
預 り 金	長 期 借 入 金

純資産（資本）
資 本 金

費 用	
仕 入 高	役 員 報 酬
給 料 手 当	雑 給
法 定 福 利 費	福 利 厚 生 費
荷 造 運 賃	広 告 宣 伝 費
通 信 費	消 耗 品 費
車 両 費	リ ー ス 料
地 代 家 賃	租 税 公 課
交 際 費	旅 費 交 通 費
事 務 用 品 費	支 払 手 数 料
保 険 料	減 価 償 却 費
雑 費	支 払 利 息

収 益	
一 般 売 上 高	ショップ売上高

● 本書では，現金売上と掛売上を区別するために，掛け販売には「一般売上高」勘定，ショップ販売には「ショップ売上高」勘定を使用します。

② 補助科目

当座預金
赤 坂 銀 行

普通預金
赤 坂 銀 行
小 和 銀 行
東 都 信 用 金 庫

定期積金
東 都 信 用 金 庫

売掛金
厚 木 産 業 ㈱
㈲ 文 京 食 器 店
中 央 産 業 ㈱
㈲ 市 川 ス ト ア
愛 知 マ ー ト ㈱

立替金
雇 用 保 険

未払金
社 会 保 険 料
荷 造 運 賃
広 告 宣 伝

未払費用
荷 造 運 賃

買掛金
㈱ ア ン デ ス
ア ト ラ ス ㈱
㈲ 富 士
橋 本 商 会 ㈱
オ ー ヤ マ ㈱

預り金
社 会 保 険 料
源 泉 所 得 税
住 民 税
雇 用 保 険

● 本書では，労働保険等の処理を一部省略しています。

(3) 証ひょうによるデータ入力

株式会社ラフィオーレの第4期は，すでに4月10日まで入力済みです。4月11日の以下の
証ひょうから振替伝票を起票し，会計データを入力してみましょう。

4月11日(金)

※会計データの取引日
付と曜日は，学習用
のもので実際とは異
なります。

①本日のショップ売上
レジスタの合計を集計し，データを入力します。

参照 ▶P94／例題 3-6 ▶P94

レジスタ売上集計表			20××.4.11
商品コード	個数	税抜単価	売上代金
MAG-XTO-0003	5	@¥3,000	¥15,000
CUP-TKS-0002	5	@¥8,750	¥43,750
MAG-XTO-0002	10	@¥4,200	¥42,000
		消費税額	¥10,075
合計 売上高			¥110,825

●レジスタのレジペーパーを集計したレジスタ売
上集計表により店での現金販売額を入力する。
●掛売上高と区別して管理するため，「ショップ
売上高」という勘定科目を利用する。

振替伝票

借方科目／補助	借方金額	貸方科目／補助	貸方金額	摘要

②出張旅費を現金で仮払いしました。

参照 ▶P104／例題 3-9 ▶P104

仮払依頼書

日 付	20××年 4月 11日(金)
氏 名	稲葉浩一郎 ㊞
仮払日	20××年 4月 11日(金)
精算日	年　月　日
仮払金額	¥100,000
合計	¥100,000
残金	

●稲葉氏の出張旅費を現金で一時支払ってい
る。仮払金は，仮払依頼書の提出によって出
金し，後日の報告によって，該当する科目へ
振り替えて仮払金の精算をする。

振替伝票

借方科目／補助	借方金額	貸方科目／補助	貸方金額	摘要

③本日の掛売上
商品は四葉運輸㈱へ発送を依頼しました。(発送費 税込 23,100円 以下省略)

参照 ▶P91 ／ 例題 3-5 ▶P93

| 売 上 伝 票 | 納品書(控) |

112-1111
東京都文京区後楽園7-7-707

売上日　20××年04月11日
東京都新宿区弥生町1-11-11

有限会社　文京食器店　　　御中

株式会社 ラフィオーレ
TEL 03-4567-7890 FAX 03-4567-7891

商 品 コ ー ド ／ 商 品 名		数 量	単位	単 価	金 額	備 考
MAG-XT0-0001　　　　課 ピノン マグカップ		30	個	1,750	52,500	
MAG-XT0-0003　　　　課 テルメス マグカップ		20	個	2,100	42,000	
MAG-XT0-0002　　　　課 オリエントマグカップ		20	個	2,940	58,800	
	税抜額	153,300	消費税額	15,330	合計	168,630

発送申込書兼受取書

令和 ○ 年 0 4 月 1 1 日
品名・荷姿等
ピノンマグカップ
テルメスマグカップ
オリエントマグカップ

お客様控
毎度ありがとうございます

個 数
70

お 届 け 先	荷 送 人
☎ 　－　－	☎ 03 － 4567 － 7890
住所 東京都文京区後楽園 7-7-707	⇐ 住所 東京都新宿区弥生町 1－11－11
氏名 ㈲ 文 京 食 器 店　様	氏名 ㈱ ラフィオーレ　様

荷物受取書

㈱ラフィオーレ　様

受取個数
70個

上記のお荷物受け取りました

令和 ○ 年 4 月 11 日

四葉運輸 株式会社
新宿 支店
TEL 03 － 4569 － 4561

※以下発送申込書兼受取書は省略します。

振替伝票

借方科目／補助	借方金額	貸方科目／補助	貸方金額	摘要

- 掛売上は発送基準により入力し，納品書(控)をもとに売上伝票を作成している。(納品書兼売上伝票)
- 四葉運輸㈱の発送費は，20日締めの合計請求書を受け取った時に当月分の発送運賃を「荷造運賃」勘定の借方と「未払金」勘定(補助科目：荷造運賃)の貸方に入力処理しているので，発送依頼時には仕訳(入力)しない。(月締め，請求書払い)

④預金預入
手もとの現金を赤坂銀行(普通預金)の夜間金庫へ入金します。

参照 ▶P85 ／ 例題 3-1 ▶P85

夜間金庫入金票

口座番号	1 9 6 0 7 2 8	店番		本支店勘定		日付 20XX年 4月11日

受入金額		
1万円	39	0:000
5千円	60	000
2千円		000
千円	30	000
500円		0:0
100円		0:0
50円		0
10円		0
5円		0
1円		0
計	¥ 480	000

おところ　東京都新宿区弥生町1丁目11番11号

おなまえ　（株）ラフィオーレ　　　　　様

お届け印

金額の頭部に¥マークをおつけください。

金額	十億	百万	千	円
		¥ 4 8 0 0 0 0		

振替伝票

借方科目／補助	借方金額	貸方科目／補助	貸方金額	摘要

● ショップでの売上などで手もとにある現金は，毎週金曜日の夜に赤坂銀行の夜間金庫を利用している。夜間金庫による通帳への記帳は，翌日の午後になることもあり，銀行休業日が入る場合は，入力日と通帳への記帳日が一致しない。仕訳の入力は，金曜日付になるが，赤坂銀行が入金処理を行うのは月曜日になる。

⑤本日の掛仕入
納品書をもとにデータを入力します。　　　　　参照 ▶P88／例題3-4▶P90

納　品　書　　　　　20XX年04月11日

123-1111
東京都新宿区弥生町1-11-11

451-5555 愛知県名古屋市西区西町9-99-111

株式会社　ラフィオーレ　御中　　　　**アトラス株式会社**

毎度お引立て頂きまして有難うございます。

商品コード/商品名	数量	単位	単価	金額	備考
CUP-SOT-001 ソフトストロベリーティーカップ＆ソーサー	20	個	2,000	40,000	課
CUP-TKS-0002 ターコイズ ティーカップ＆ソーサー	20	組	4,375	87,500	課
CUP-XCB-0003 コロンビア ティーカップ＆ソーサー	20	組	7,000	140,000	課
税抜額	267,500	消費税額	26,750	合計	294,250

振替伝票

借方科目／補助	借方金額	貸方科目／補助	貸方金額	摘要

● 掛仕入は，店の規模が小さいので，仕入伝票を作成しないで，納品書をもとに仕訳を入力している。入力のタイミングは，入荷基準による。

● 消費税の設定は税込経理方式・内税入力なので，税込金額で入力する。

4月12日(土)

①本日のショップ売上
レジスタの合計を集計し，データを入力します。

参照 ▶ P94 ／ 例題 3-6 ▶ P94

レジスタ売上集計表			20××.4.12
商品コード	個数	税抜単価	売上代金
CUP-SOT-001	3	@¥4,000	¥12,000
MAG-XTO-0002	5	@¥4,200	¥21,000
CUP-TKS-0002	5	@¥8,750	¥43,750
		消費税額	¥7,675
合計 売上高			¥84,425

振替伝票

借方科目／補助	借方金額	貸方科目／補助	貸方金額	摘要

②飲食料品の購入
従業員用に日本茶のパックを現金で購入しました。（進んだ学習）

参照 ▶ P133

```
                    領  収  証          No._____

        (株) ラフィオーレ  様      令和〇年 4月 12日


            ★ ¥ 5,292

        但 お茶代 として
        上 記 正 に 領 収 いたしました

    内  訳
    税抜金額  ¥4,900           新宿区弥生町 1-10
    消費税額等(8%)  ¥392        弥生商店
                              登録番号：T*************
```

振替伝票

借方科目／補助	借方金額	貸方科目／補助	貸方金額	摘要
福利厚生費	5,292	現金	5,292	従業員用お茶代

●従業員用のお茶代や残業時の夜食代などは，「福利厚生費」勘定で処理する。

●日本茶は，飲食料品ですので8%軽減税率の対象になります。軽減税率の取引を入力する場合は，[勘定科目][補助科目][金額][摘要]などを入力した後に，[税区分]で「課税対応仕入8%（軽）」を選択して登録する。

4月14日(月)

①本日のショップ売上
レジスタの合計を集計し，データを入力します。

参照 ▶P94 ／ 例題 3-6 ▶P94

レジスタ売上集計表			20××.4.14
商品コード	個数	税抜単価	売上代金
MAG-XTO-0001	10	@¥2,500	¥25,000
CUP-TKS-0002	5	@¥8,750	¥43,750
		消費税額	¥6,875
合計 売上高			¥75,625

振替伝票

借方科目／補助	借方金額	貸方科目／補助	貸方金額	摘要

②本日の掛売上
商品は四葉運輸㈱へ発送を依頼しました。

参照 ▶P91 ／ 例題 3-5 ▶P93

売上伝票 納品書（控）

243-8888
神奈川県厚木市葉山5-5-555

厚木産業　株式会社　　　　　御中

売上日　20××年04月14日
東京都新宿区弥生町1-11-11

株式会社 ラフィオーレ
TEL 03-4567-7890 FAX 03-4567-7891

商品コード／商品名	数量	単位	単価	金額	備考
MAG-XTO-0002　　課 オリエントマグカップ	50	個	4,200	210,000	
MAG-XTO-0003　　課 テルメス マグカップ	50	個	3,000	150,000	
	税抜額	360,000	消費税額	36,000	合計 396,000

振替伝票

借方科目／補助	借方金額	貸方科目／補助	貸方金額	摘要

4月15日(火)

①本日のショップ売上
レジスタの合計を集計し，データを入力します。

参照 ▶ P94 ／ 例題 3-6 ▶ P94

レジスタ売上集計表			20××.4.15
商品コード	個数	税抜単価	売上代金
MAG-XTO-0001	10	@¥2,500	¥25,000
CUP-SOT-001	10	@¥4,000	¥40,000
MAG-XTO-0002	10	@¥4,200	¥42,000
		消費税額	¥10,700
合計 売上高			¥117,700

振替伝票

借方科目／補助	借方金額	貸方科目／補助	貸方金額	摘要

②本日の掛売上
商品は四葉運輸㈱へ発送を依頼しました。

参照 ▶ P91 ／ 例題 3-5 ▶ P93

売 上 伝 票 納品書（控）

272-7777
千葉県市川市岩井7-77-7777

有限会社　市川ストア　　　　御中

売上日　20××年04月15日
東京都新宿区弥生町1-11-11

株式会社 ラフィオーレ
TEL 03-4567-7890 FAX 03-4567-7891

商品コード／商品名	数 量	単位	単 価	金 額	備 考
CUP-SOT-001　　　　　課 ソフトストロベリーティーカップ＆ソーサー	5	個	4,000	20,000	
CUP-TKS-0002　　　　　課 ターコイズ ティーカップ＆ソーサー	5	組	8,750	43,750	
CUP-XCB-0003　　　　　課 コロンビア ティーカップ＆ソーサー	5	組	14,000	70,000	
	税抜額	133,750	消費税額	13,375	合計 147,125

振替伝票

借方科目／補助	借方金額	貸方科目／補助	貸方金額	摘要

③借入金返済計画にもとづき,赤坂銀行の当座預金より引き落とされました。(通帳確認済)
今回は12回次の返済にあたります。(元本返済額 ¥124,831 利息額 ¥4,113 返済額 ¥128,944)借入金は「長期借入金」勘定で処理します。　**参照** ▶P103／例題 3-8 ▶P103

【借入金残高推移表】

日本政策金融公庫

回次	日　付	元本返済額	利息額	返済額	借入金残高
0	20××年 5月 1日	0	0	0	3,000,000
1	20××年 5月15日	123,354	3,452	126,806	2,876,646
2	20××年 6月15日	121,752	7,192	128,944	2,754,894
3	20××年 7月15日	122,057	6,887	128,944	2,632,837
4	20××年 8月15日	122,362	6,582	128,944	2,510,475
5	20××年 9月15日	122,668	6,276	128,944	2,387,807
6	20××年10月15日	122,974	5,970	128,944	2,264,833
7	20××年11月15日	123,282	5,662	128,944	2,141,551
8	20××年12月15日	123,590	5,354	128,944	2,017,961
9	20××年 1月15日	123,899	5,045	128,944	1,894,062
10	20××年 2月15日	124,209	4,735	128,944	1,769,853
11	20××年 3月15日	124,519	4,425	128,944	1,645,334
12	20××年 4月15日	124,831	4,113	128,944	1,520,503
13	20××年 5月15日	125,143	3,801	128,944	1,395,360
14	20××年 6月15日	125,456	3,488	128,944	1,269,904
15	20××年 7月15日	125,769	3,175	128,944	1,144,135
16	20××年 8月15日	126,084	2,860	128,944	1,018,051
17	20××年 9月15日	126,399	2,545	128,944	891,652
18	20××年10月15日	126,715	2,229	128,944	764,937
19	20××年11月15日	127,032	1,912	128,944	637,905
20	20××年12月15日	127,349	1,595	128,944	510,556
21	20××年 1月15日	127,668	1,276	128,944	382,888
22	20××年 2月15日	127,987	957	128,944	254,901
23	20××年 3月15日	128,307	637	128,944	126,594
24	20××年 4月15日	126,594	316	126,910	0
合　計		3,000,000	90,484	3,090,484	0

振替伝票

借方科目／補助	借方金額	貸方科目／補助	貸方金額	摘要

●借入金の返済は,毎月15日に赤坂銀行の当座預金から借入金利息とともに自動振替される。通帳記載を確認してから処理する。

4月16日(水)

①本日のショップ売上
レジスタの合計を集計し，データを入力します。

参照 ▶P94 ／ 例題 3-6 ▶P94

レジスタ売上集計表			20××.4.16
商品コード	個数	税抜単価	売上代金
MAG-XTO-0001	10	@¥2,500	¥25,000
CUP-SOT-001	10	@¥4,000	¥40,000
MAG-XTO-0003	10	@¥3,000	¥30,000
		消費税額	¥9,500
合計 売上高			¥104,500

振替伝票

借方科目／補助	借方金額	貸方科目／補助	貸方金額	摘要

②本日の掛売上
商品は四葉運輸㈱へ発送を依頼しました。

参照 ▶P91 ／ 例題 3-5 ▶P93

売 上 伝 票　納品書(控)

売上日　20××年04月16日
東京都新宿区弥生町1-11-11

100-3333
東京都千代田区丸の内1-11-111

中央産業株式会社　　　　御中

株式会社 ラフィオーレ
TEL 03-4567-7890 FAX 03-4567-7891

商品コード／商品名	数量	単位	単価	金額	備考
MAG-XTO-0001　課 ピノン マグカップ	20	個	2,500	50,000	
MAG-XTO-0002　課 オリエントマグカップ	20	個	4,200	84,000	
CUP-SOT-001　課 ソフトストロベリーティーカップ＆ソーサー	10	個	4,000	40,000	
MAG-XTO-0003　課 テルメス マグカップ	20	個	3,000	60,000	
	税抜額	234,000	消費税額	23,400	合計　257,400

振替伝票

借方科目／補助	借方金額	貸方科目／補助	貸方金額	摘要

4月17日(木)

①本日のショップ売上
レジスタの合計を集計し，データを入力します。

参照 ▶P94 ／ 例題 3-6 ▶P94

レジスタ売上集計表			20××.4.17
商品コード	個数	税抜単価	売上代金
MAG-XTO-0003	13	@¥3,000	¥39,000
MAG-XTO-0002	8	@¥4,200	¥33,600
MAG-XTO-0001	8	@¥2,500	¥20,000
		消費税額	¥9,260
合計 売上高			¥101,860

振替伝票

借方科目／補助	借方金額	貸方科目／補助	貸方金額	摘要

②本日の掛売上
商品は四葉運輸㈱へ発送を依頼しました。

参照 ▶P91 ／ 例題 3-5 ▶P93

売 上 伝 票　**納品書(控)**

112-1111
東京都文京区後楽園7-7-707

有限会社　文京食器店　　　御中

売上日　20××年04月17日
東京都新宿区弥生町1-11-11

株式会社 ラフィオーレ
TEL 03-4567-7890 FAX 03-4567-7891

商品コード／商品名	数量	単位	単価	金額	備考
GRS-SET-0000　　　課 パーティグラスセット	1	箱	140,000	140,000	
GRS-TKS-0003　　　課 ターコイズ デキャンタ	10	個	21,000	210,000	

税抜額 350,000　消費税額 35,000　合計 385,000

振替伝票

借方科目／補助	借方金額	貸方科目／補助	貸方金額	摘要

③3月末日に届いた請求書にもとづき，掛代金の支払のために，振込依頼書を作成して小和銀行に依頼しました。（指定日4月18日）　**参照** ▶P87／例題3-3 ▶P87

総合振込依頼書

小和銀行 殿

ご依頼人名	フリガナ	ラフィオーレ			取組指定日	令和 ○年 4月 18日
		(株)ラフィオーレ　様				
	ご連絡先電話番号	03-4567-7890				枚中／枚目 1／1

送信番号	振込先 銀行	支店	預金種目	口座番号	フ リ ガ ナ お 受 取 人	金 額 円	電信指定	手数料	照査印発行印
	小和銀行	中央	普当	556	カブ アンデス (株)アンデス	2,967,700		550	
	小和銀行	名古屋	普当	432	アトラス カブ アトラス(株)	2,570,400		550	
	小和銀行	甲府	普当	778	ユウ フジ (有)富士	1,255,800		550	
					小 計 3件	6,793,900	小計	1,650	
					合 計 3	6,793,900	合計	1,650	

振替伝票

借方科目／補助	借方金額	貸方科目／補助	貸方金額	摘要

● 前月末に届いた請求書により，買掛金と未払金の振込依頼書を作成する。支払条件では支払日は20日だが，銀行休業日のため18日を振込指定日にしている。起票およびデータ入力のタイミングは，振込を依頼した日に引落日の先日付で処理する方法か，通帳の記載を確認した後に引落日の日付で入力処理する方法が一般的である。

● 振込手数料は，「支払手数料」勘定で処理する。

（振替伝票で科目を選択する時に，サーチキーの文字数の上限である「SHIHARAI」まで入力し，右矢印[→]キーまたは下矢印[↓]キーによって科目を選択する。）

④すでに受け取った請求書によって費用計上と未払金処理がされているので，未払金を支払うために，振込依頼書を作成して赤坂銀行に依頼しました。（指定日4月18日）

参照 ▶P87 ／ 問題3-3 ▶P123

総合振込依頼書

赤坂　銀行　殿

ご依頼人名	フリガナ	ラフィオーレ		取組指定日	令和 ○年 4月 18日
	(株)ラフィオーレ 様				
	ご連絡先電話番号	03-4567-7890		枚中／枚目	1／1

送信番号	振込先 銀行	支店	預金種目	口座番号	フ リ ガ ナ お 受 取 人	金 額 円	電信指定	手数料	照査印発行印
	赤坂銀行	新宿	普／当	9870	ジョウサイコウコクシャ 城西広告社	330,000		550	
	赤坂銀行	新宿	普／当	4510	ヨツバウンユ カブ 四葉運輸(株)	220,000		550	
					小 計 2 件	550,000	小計	1,100	
					合 計 2	550,000	合計	1,100	

振替伝票

借方科目／補助	借方金額	貸方科目／補助	貸方金額	摘要

●未払金の補助科目には，「荷造運賃」と「広告宣伝」がある。

4月18日(金)

①本日のショップ売上
レジスタの合計を集計し，データを入力します。

参照 ▶P94 ／ 例題3-6 ▶P94

レジスタ売上集計表　　　　20××.4.18

商品コード	個数	税抜単価	売上代金
CUP-SOT-001	3	@¥4,000	¥12,000
CUP-XCB-0003	5	@¥14,000	¥70,000
MAG-XTO-0001	2	@¥2,500	¥5,000
		消費税額	¥8,700
合計　売上高			¥95,700

振替伝票

借方科目／補助	借方金額	貸方科目／補助	貸方金額	摘要

② 手もとの現金を赤坂銀行(普通預金)の夜間金庫へ入金します。

参照 ▶P85／例題 3-1▶P85

夜間金庫入金票

口座番号	1 9 6 0 7 2 8	店番	本支店勘定		日付 20XX年 4月 18日

受入金額	
1万円	34 0 000
5千円	90 0 000
2千円	000
千円	42 000
500円	0 0
100円	7 00
50円	0
10円	14 0
5円	25
1円	2
計	¥ 472 867

おところ　東京都新宿区弥生町1丁目11番11号

おなまえ　(株)ラフィオーレ　　様

お届け印

金額の頭部に¥マークをおつけください。

金額						十億		百万 ¥ 4	7 2 千	8	6 7 円

振替伝票

借方科目／補助	借方金額	貸方科目／補助	貸方金額	摘要

③ 84円切手50枚を現金で購入しました。

参照 ▶P95／問題 3-7▶P127

領収書

(株)ラフィオーレ　様

[販売]
84円普通切手
　　　84円　　50枚　　¥4,200

小　計　　　　　　　¥4,200

課税計(10%)　　　　　　¥0
(内消費税等(10%)　　　¥0)
非課税計　　　　　　　¥4,200

合計　　　　　　　¥4,200
お預り金額　　　　　¥4,200

〒100-8792　日本郵便株式会社
東京都千代田区大手町2-3-1
登録番号　T************
取扱日時：20××年4月　18日
連絡先：○○郵便局

●郵便局発行の領収書から切手の購入について,
「通信費」勘定に入力する。

振替伝票

借方科目／補助	借方金額	貸方科目／補助	貸方金額	摘要

4月19日(土)

①本日のショップ売上
レジスタの合計を集計し，データを入力します。

参照 ▶P94／例題3-6▶P94

レジスタ売上集計表			20××.4.19
商品コード	個数	税抜単価	売上代金
CUP-XCB-0003	1	@¥14,000	¥14,000
MAG-XTO-0001	10	@¥2,500	¥25,000
MAG-XTO-0003	10	@¥3,000	¥30,000
		消費税額	¥6,900
合計　売上高			¥75,900

振替伝票

借方科目／補助	借方金額	貸方科目／補助	貸方金額	摘要

②コピー用紙・ファイルを現金で購入しました。
「事務用品費」勘定で処理します。

参照 ▶P97

領収証　　株式会社 ラフィオーレ 様　　No.＿＿＿＿

★　¥ 8,250.-

但 コピー用紙. ファイル代として

令和〇 年 4 月 19日 上記正に領収いたしました

内　訳
税抜金額　¥ 7,500.
消費税額等10%　¥ 750

新宿区弥生町 2~5
兵藤文具店

登録番号：T**************

振替伝票

借方科目／補助	借方金額	貸方科目／補助	貸方金額	摘要

●コピー用紙などの事務用品は，「消耗品費」や「事務用品費」などで処理する。どちらで処理するかは企業の経理規定によるが，継続して同じ勘定科目で処理することが望ましい。

①本日のショップ売上
レジスタの合計を集計し, データを入力します。

参照 ▶ P94／例題 3-6 ▶ P94

レジスタ売上集計表			20××.4.21
商品コード	個数	税抜単価	売上代金
MAG-XTO-0002	3	@¥4,200	¥12,600
MAG-XTO-0002	5	@¥4,200	¥21,000
MAG-XTO-0003	10	@¥3,000	¥30,000
CUP-XCB-0003	2	@¥14,000	¥28,000
		消費税額	¥9,160
合計 売上高			¥100,760

振替伝票

借方科目／補助	借方金額	貸方科目／補助	貸方金額	摘要

②本日の掛売上
商品は四葉運輸㈱へ発送を依頼しました。

参照 ▶ P91／例題 3-5 ▶ P93

売上伝票 **納品書（控）**

243-8888
神奈川県厚木市葉山5-5-555

厚木産業　株式会社　　　　御中

売上日　20××年04月21日
東京都新宿区弥生町1-11-11

株式会社 ラフィオーレ
TEL 03-4567-7890 FAX 03-4567-7891

商品コード／商品名	数量	単位	単価	金額	備考
SET-SIL-0001　　　課 純銀パルマディナーセット	1	セット	200,000	200,000	
GRS-TKS-0003　　　課 ターコイズ デキャンタ	20	個	30,000	600,000	
	税抜額	800,000	消費税額	80,000	合計 880,000

振替伝票

借方科目／補助	借方金額	貸方科目／補助	貸方金額	摘要

③4月11日に仮払いした出張費を精算し，残金を現金で戻し入れました。

参照 ▶P104／例題 3-9 ▶P104

仮払精算書

日 付	20××年 4月 21日（月）
氏 名	稲葉浩一郎 ㊞
仮払日	20××年 4月 11日（金）
精算日	20××年 4月 21日（月）
仮払金額	￥100,000
出張旅費	￥26,180
会食代	￥20,350
ガソリン代	￥32,890
雑 費	￥3,245
合計	￥82,665
残金	￥17,335

振替伝票

借方科目／補助	借方金額	貸方科目／補助	貸方金額	摘要

● 11日に稲葉氏への出張旅費仮払金の精算を行った。
　仮払精算書をもとに，仮払金を該当する科目へ振り替え，残金を現金で戻し入れた。

● 取引先との会食は，「交際費」勘定で処理する。

● ガソリン代は，「旅費交通費」勘定で処理する。

＜注＞次ページ（P154）の預金通帳の記帳について

● 預金通帳と帳簿（預金出納帳や補助元帳）の記帳内容を確認し，当社の未記帳分だけを処理する。

【赤坂銀行】
・通信費などの経費の自動引落は，主に赤坂銀行から行っている。
　営業用の携帯電話と事務所の電話を別に処理している。（通帳に記入された日付で入力する。）
・サイタマ・リース(株)へコピー機のリース代は，自動振替で処理している。
・4月17日に振込依頼した未払金の支払が18日付で通帳に記帳されている。（城西広告社と四葉運輸㈱）

【小和銀行】
・18日付で，㈲文京食器店と㈲市川ストアから売掛金の回収として，小和銀行の普通預金に入金がある。通帳記帳によって判明したので，入力処理する。

④**本日，預金通帳の記帳をしました。**

　4/21振替分は，コピー機のリース代です。

参照 ▶P84 ／ 問題 3-7 ▶P129

赤坂銀行

普通預金

	年－月－日	摘要	お支払金額	お預り金額		差引残高
1	○.04.07	入金		370,124		2,521,785
2	○.04.14	入金		480,000		3,001,785
3	○.04.14	電話	7,150	ケイタイ		2,994,635
4	○.04.14	電話	9,900	ケイタイ		2,984,735
5	○.04.15	電話	16,610	NTT		2,968,125
6	○.04.15	電話	22,990	NTT		2,945,135
7	○.04.18	振込	330,000			2,615,135
8	○.04.18	手数料	550	ジョウサイコウコク		2,614,585
9	○.04.18	振込	220,000			2,394,585
10	○.04.18	手数料	550	ヨツバウンユ.カ)		2,394,035
11	○.04.21	入金		472,867		2,866,902
12	○.04.21	振替	23,100	サイタマリース		2,843,802

振替伝票

借方科目／補助	借方金額	貸方科目／補助	貸方金額	摘要

借方科目／補助	借方金額	貸方科目／補助	貸方金額	摘要

借方科目／補助	借方金額	貸方科目／補助	貸方金額	摘要

小和銀行

普通預金

	年－月－日	摘要	お支払金額	お預り金額		差引残高
1	○.04.10	振込	アツギサンギョウ.カ)	2,685,100		5,545,100
2	○.04.10	振込	チュウオウサンギョウ.カ)	3,281,750		8,826,850
3	○.04.10	振込	アイチマート.カ)	1,920,450		10,747,300
4	○.04.18	振込	2,967,700	カ)アンデス		7,779,600
5	○.04.18	手数料	550			7,779,050
6	○.04.18	振込	2,570,400	アトラス.カ)		5,208,650
7	○.04.18	手数料	550			5,208,100
8	○.04.18	振込	1,255,800	ユ)フジ		3,952,300
9	○.04.18	手数料	550			3,951,750
10	○.04.18	振込	ユ)ブンキョウショッキ	1,559,650		5,511,400
11	○.04.18	振込	ユ)イチカワストア	278,250		5,789,650

振替伝票

借方科目／補助	借方金額	貸方科目／補助	貸方金額	摘要

4月22日(火)

①本日のショップ売上
レジスタの合計を集計し，データを入力します。

参照 ▶ P94／例題 3-6 ▶ P94

レジスタ売上集計表　　　　　　20××.4.22

商品コード	個数	税抜単価	売上代金
CUP-TKS-0002	5	@¥8,750	¥43,750
CUP-XCB-0003	2	@¥14,000	¥28,000
		消費税額	¥7,175
合計　売上高			¥78,925

振替伝票

借方科目／補助	借方金額	貸方科目／補助	貸方金額	摘要

4月23日(水)

①本日のショップ売上
レジスタの合計を集計し，データを入力します。

参照 ▶ P94／例題 3-6 ▶ P94

レジスタ売上集計表　　　　　　20××.4.23

商品コード	個数	税抜単価	売上代金
MAG-XTO-0001	3	@¥2,500	¥7,500
MAG-XTO-0002	5	@¥4,200	¥21,000
MAG-XTO-0003	5	@¥3,000	¥15,000
CUP-XCB-0003	5	@¥14,000	¥70,000
		消費税額	¥11,350
合計　売上高			¥124,850

振替伝票

借方科目／補助	借方金額	貸方科目／補助	貸方金額	摘要

②ゴミ袋を現金で購入しました。(「雑費」勘定として処理します)
レジペーパーをもとに入力します。

ヤヨイマート
新宿店　03-4567-XXXX
登録番号：T★★★★★★★★★★★★★
20XX年4月23日　　No.0008

0070CL　ゴミブクロ　　　¥800

小計　　　　　　　　　　¥800
外税(10%対象 ¥800)　　¥80
合計　　　　　　　　　**¥880**

お預り　　　　　　　¥1,000
お釣り　　　　　　　　**¥120**

- ●一般的に,「雑費」勘定は,該当する勘定科目がない場合に使用する。ゴミ袋やトイレットペーパーなどは,「雑費」の勘定科目を使用することがある。
- ●従業員用のトイレ用品や清掃用具などは,「福利厚生費」の勘定科目を使用する。

振替伝票

借方科目／補助	借方金額	貸方科目／補助	貸方金額	摘要

③本日の掛売上
商品は四葉運輸㈱へ発送を依頼しました。

P91 ／ 例題 3-5 ▶ P93

売 上 伝 票　納品書（控）

売上日　20XX年04月23日
東京都新宿区弥生町1-11-11

100-3333
東京都千代田区丸の内1-11-111

中央産業株式会社　　　　　御中

株式会社 ラフィオーレ
TEL 03-4567-7890 FAX 03-4567-7891

商 品 コ ー ド ／ 商 品 名	数 量	単位	単 価	金 額	備 考
SET-SIL-0001　　　　　課 純銀パルマディナーセット	2	セット	200,000	400,000	
	税抜額	400,000	消費税額	40,000	合計　440,000

振替伝票

借方科目／補助	借方金額	貸方科目／補助	貸方金額	摘要

156　第4章　会計データの入力処理と集計

④本日の掛仕入

納品書をもとにデータを入力します。

参照 ▶P88／例題3-4▶P90

納 品 書

20××年04月23日

123-1111
東京都新宿区弥生町1-11-11

451-5555 愛知県名古屋市西区西町9-99-111

株式会社 ラフィオーレ 御中

アトラス株式会社

毎度お引立て頂きまして有難うございます。

商品コード/商品名	数量	単位	単価	金額	備考
MAG-XTO-0001 ピノン マグカップ	50	個	1,250	62,500	課
MAG-XTO-0002 オリエントマグカップ	50	個	2,100	105,000	課
MAG-XTO-0003 テルメス マグカップ	50	個	1,500	75,000	課
税抜額	242,500	消費税額	24,250	合計	266,750

振替伝票

借方科目／補助	借方金額	貸方科目／補助	貸方金額	摘要

---

⑤四葉運輸㈱から4月分(3/21〜4/20)の発送運賃の請求明細書が到着しました。

3月21日から4月20日までの発送運賃140,800円を「荷造運賃」勘定と「未払金」勘定
(補助科目:荷造運賃)に計上します。ここでは，請求書の発行日で処理します。
(3/21〜3/31の発送運賃は発生していません)

参照 ▶P103／問題3-8▶P130

請 求 明 細 書

令和○年 4月20日

東京都新宿区弥生町1-11-11
株式会社 ラフィオーレ 御中

東京都新宿区東新宿 2-44-4
四葉運輸株式会社
TEL 03-4569-4561 FAX 03-4569-4562
取引銀行 赤坂銀行 新宿支店 普 No4510
登録番号：T************

今月の請求金額は下記のとおりです。

前回御請求額	御入金額	繰越金額	今回御買上額	消費税	今回御請求額
220,000	220,000	0	140,800	12,800	140,800

日付 伝票番号	商品コード/商品名	数量
1011		

振替伝票

借方科目／補助	借方金額	貸方科目／補助	貸方金額	摘要

●会計ソフトに設定されている勘定科目としては「発送費」勘定よりも「荷造運賃」勘定が一般的です。

4月24日(木)

①本日のショップ売上
レジスタの合計を集計し, データを入力します。

参照 ▶P94／例題 3-6 ▶P94

レジスタ売上集計表			20××.4.24
商品コード	個数	税抜単価	売上代金
CUP-SOT-001	6	@¥4,000	¥24,000
CUP-TKS-0002	10	@¥8,750	¥87,500
		消費税額	¥11,150
合計 売上高			¥122,650

振替伝票

借方科目／補助	借方金額	貸方科目／補助	貸方金額	摘要

②本日, 給与支給日のため赤坂銀行の普通預金から現金を引き出しました。

参照 ▶P86／例題 3-2 ▶P86

振替伝票

借方科目／補助	借方金額	貸方科目／補助	貸方金額	摘要

●払戻請求書の「お引き出し科目」で「普通」を囲んでいることから, 普通預金の引き出しであることを判断する。

4月25日(金)

① 小切手の振出

掛代金を支払うために小切手を振り出して手渡しました。小切手帳の控えから仕訳を起票します。

参照 ▶P83／例題3-2▶P86

No.	5089
令和○ 年 4 月25日	
金額	¥702450
渡先	橋本商会(株)
摘要	掛仕入・支払
残高	¥668606

No. 5089 　小　切　手

支払地 東京都新宿区

株式会社 赤坂銀行 新宿支店

金額 ¥702,450※

上記の金額をこの小切手と引き替えに
持参人へお支払いください
　　　拒絶証書不要
振出日　令和 ○ 年　4 月25日　東京都新宿区弥生町1丁目11番11号
振出地 東京都新宿区　振出人　代表取締役　稲葉　浩一郎　(株)ラフィオーレ

振替伝票

借方科目／補助	借方金額	貸方科目／補助	貸方金額	摘要

No.	5090
令和○ 年 4 月25日	
金額	¥404250
渡先	オーヤマ(株)
摘要	掛仕入・支払
残高	¥264356

No. 5090 　小　切　手

支払地 東京都新宿区

株式会社 赤坂銀行 新宿支店

金額 ¥404,250※

上記の金額をこの小切手と引き替えに
持参人へお支払いください
　　　拒絶証書不要
振出日　令和 ○ 年　4 月25日　東京都新宿区弥生町1丁目11番11号
振出地 東京都新宿区　振出人　代表取締役　稲葉　浩一郎　(株)ラフィオーレ

振替伝票

借方科目／補助	借方金額	貸方科目／補助	貸方金額	摘要

●橋本商会(株)とオーヤマ(株)へ掛代金の支払は,小切手を振り出して支払っている。小切手の振り出しの要件を確認する。

②本日，現金で給与手当を支払いました（控除項目は，それぞれ区別して処理します）。

参照 ▶P108／例題3-10▶P108

給与明細一覧表
令和○年 4月 25日支払

項 目 名	合　　計
役員報酬	500,000
給与（月給）	918,000
給与（時給／アルバイト代）	48,000
非課税通勤費	32,400
課税支給合計	1,466,000
非課税支給合計	32,400
支 給 合 計	1,498,400
健康保険料	61,200
介護保険料	5,992
厚生年金保険	124,919
所得税	40,670
住民税	51,700
控 除 合 計	284,481
差引支給合計	1,213,919
現 金 支 給 額	1,213,919

● ここでは，時間給制のアルバイトは，「雑給」勘定で処理している。
通勤費は「旅費交通費」で処理し，健康保険・介護保険・厚生年金保険など，社会保険料の従業員負担分は「預り金」の科目で処理する。

● 従業員から預った源泉徴収税（所得税）や住民税は，「預り金」の科目で処理する。

●「給与明細一覧表」にある非課税通勤費とは，所得税法における非課税所得であることを意味し，「給与手当」として取り扱うのではなく「旅費交通費」として処理する。

振替伝票

借方科目／補助	借方金額	貸方科目／補助	貸方金額	摘要

③本日のショップ売上
レジスタの合計を集計し，データを入力します。

参照 ▶ P94 ／ 例題 3-6 ▶ P94

レジスタ売上集計表			20××.4.25
商品コード	個数	税抜単価	売上代金
CUP-XCB-0003	1	@¥8,750	¥8,750
MAG-XTO-0003	5	@¥3,000	¥15,000
CUP-XCB-0003	5	@¥14,000	¥70,000
		消費税額	¥9,375
合計 売上高			¥103,125

振替伝票

借方科目／補助	借方金額	貸方科目／補助	貸方金額	摘要

④本日の掛売上
商品は四葉運輸㈱へ発送を依頼しました。

参照 ▶ P91 ／ 例題 3-5 ▶ P93

売 上 伝 票　納品書（控）

112-1111
東京都文京区後楽園7-7-707

有限会社　文京食器店　　　　御中

売上日　20××年04月25日
東京都新宿区弥生町1-11-11

株式会社 ラフィオーレ
TEL 03-4567-7890 FAX 03-4567-7891

商 品 コ ー ド ／ 商 品 名	数 量	単位	単 価	金 額	備 考
SET-SIL-0001　　　　　　　　課 純銀バルマディナーセット	1	セット	140,000	140,000	
CUP-SOT-001　　　　　　　　課 ソフトストロベリーティーカップ＆ソーサー	10	個	2,800	28,000	
CUP-TKS-0002　　　　　　　　課 ターコイズ ティーカップ＆ソーサー	10	組	6,125	61,250	
	税抜額	229,250	消費税額	22,925	合計　252,175

振替伝票

借方科目／補助	借方金額	貸方科目／補助	貸方金額	摘要

⑤本日の掛仕入

納品書をもとにデータを入力します。　参照 ▶ P88／例題 3-4 ▶ P90

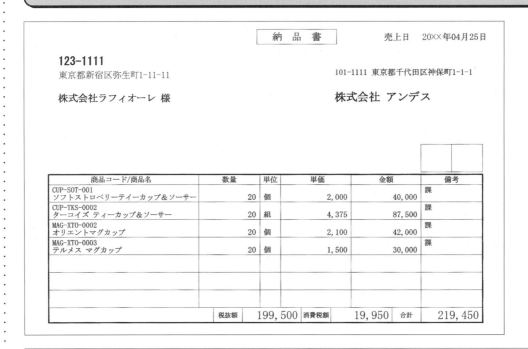

	納　品　書		売上日　20××年04月25日

123-1111
東京都新宿区弥生町1-11-11

101-1111 東京都千代田区神保町1-1-1

株式会社ラフィオーレ 様

株式会社 アンデス

商品コード/商品名	数量	単位	単価	金額	備考
CUP-SOT-001 ソフトストロベリーティーカップ&ソーサー	20	個	2,000	40,000	課
CUP-TKS-0002 ターコイズ ティーカップ&ソーサー	20	組	4,375	87,500	課
MAG-XTO-0002 オリエントマグカップ	20	個	2,100	42,000	課
MAG-XTO-0003 テルメス マグカップ	20	個	1,500	30,000	課
	税抜額	199,500	消費税額　19,950	合計	219,450

振替伝票

借方科目／補助	借方金額	貸方科目／補助	貸方金額	摘要

⑥手もとの現金を赤坂銀行（普通預金）の夜間金庫へ入金します。

参照 ▶ P85／例題 3-1 ▶ P85

夜間金庫入金票

口座番号 1 9 6 0 7 2 8　店番　本支店勘定

日付　20XX年 4月25日

受入金額	
1万円	42 0 000
5千円	70 000
2千円	000
千円	32 000
500円	0 0
100円	7 0 0
50円	0
10円	4 0
5円	0
1円	2
計	¥ 522 742

おところ　東京都新宿区弥生町1丁目11番11号

おなまえ　（株）ラフィオーレ　様

お届け印

金額　¥ 5 2 2 7 4 2

振替伝票

借方科目／補助	借方金額	貸方科目／補助	貸方金額	摘要

4月26日(土)

①本日のショップ売上
レジスタの合計を集計し，データを入力します。

参照 ▶ P94／例題 3-6 ▶ P94

レジスタ売上集計表			20××.4.26
商品コード	個数	税抜単価	売上代金
MAG-XTO-0001	10	@¥2,500	¥25,000
MAG-XTO-0002	5	@¥4,200	¥21,000
MAG-XTO-0003	10	@¥3,000	¥30,000
		消費税額	¥7,600
合計 売上高			¥83,600

振替伝票

借方科目／補助	借方金額	貸方科目／補助	貸方金額	摘要

4月28日(月)

①本日のショップ売上
レジスタの合計を集計し，データを入力します。

参照 ▶ P94／例題 3-6 ▶ P94

レジスタ売上集計表			20××.4.28
商品コード	個数	税抜単価	売上代金
CUP-XCB-0003	3	@¥14,000	¥42,000
MAG-XTO-0002	5	@¥4,200	¥21,000
		消費税額	¥6,300
合計 売上高			¥69,300

振替伝票

借方科目／補助	借方金額	貸方科目／補助	貸方金額	摘要

②**本日の掛売上**
商品は四葉運輸㈱へ発送を依頼しました。

参照 ▶P91／例題3-5▶P93

売 上 伝 票	納品書（控）

243-8888
神奈川県厚木市葉山5-5-555

売上日　20××年04月28日
東京都新宿区弥生町1-11-11

厚木産業　株式会社　　　　　　　御中

株式会社 ラフィオーレ
TEL 03-4567-7890 FAX 03-4567-7891

商 品 コ ー ド ／ 商 品 名	数　量	単位	単　価	金　額	備　考
CUP-TKS-0002　　　　　課 ターコイズ ティーカップ&ソーサー	20	組	8,750	175,000	
CUP-SOT-001　　　　　課 ソフトストロベリーティーカップ&ソーサー	20	個	4,000	80,000	
MAG-XTO-0001　　　　課 ピノン マグカップ	20	個	2,500	50,000	
		税抜額	305,000	消費税額 30,500	合計 335,500

振替伝票

借方科目／補助	借方金額	貸方科目／補助	貸方金額	摘要

③**本日の掛仕入**
納品書をもとにデータを入力します。

参照 ▶P88／例題3-4▶P90

納 品 書	令和○年04月28日

123-1111
東京都新宿区弥生町1-11-11

株式会社ラフィオーレ　御中

400-0000 山梨県甲府市信玄町2－4－41
有限会社　富　士
TEL 055-456-7777 FAX 055-456-7778

商品コード/商品名	数量	単位	単価	金額	備考
GRS-SET-0000 パーティグラスセット	10	箱	100,000	1,000,000	課
MAG-XTO-0001 ピノン マグカップ	30	個	1,250	37,500	課
MAG-XTO-0002 オリエントマグカップ	30	個	2,100	63,000	課
MAG-XTO-0003 テルメス マグカップ	30	個	1,500	45,000	課
		税抜額	1,145,500	消費税額 114,550	合計 1,260,050

振替伝票

借方科目／補助	借方金額	貸方科目／補助	貸方金額	摘要

④収入印紙の購入（現金払い）

参照 ▶P100 ／ 例題 3-7 ▶ P102

領　収　証

No._____

(株) ラフィオーレ　様

令和〇年 4 月 28 日

★ ¥ 8,000.—

但　収入印紙代として

上記正に領収いたしました

内　訳

税抜金額　¥ 8,000.

消費税額等（　%）

新宿区 弥生町 1−10

弥生商店

振替伝票

借方科目／補助	借方金額	貸方科目／補助	貸方金額	摘要

●収入印紙は，費用として認められる税金である。「租税公課」の科目で処理する。切手代と誤りやすいので注意する。

⑤社会保険料の納付

社会保険料を赤坂銀行の普通預金より納付しました。(進んだ学習)

納入告知書 納付書・領収証書　　　　　　国庫金　　厚生保険

納付目的の年月
令和○年 3月分
納付期限
令和○年 4月 30日
右記のとおり納付してください
令和○年 4月 16日

健 康 勘 定	厚生年金勘定	子ども・子育て支援勘定	合 計 額
健 康 保 険 料	厚生年金保険料	子ども・子育て拠出金	
134,384 円	249,838 円	1,584 円	385,806 円

歳入徴収官

新宿年金事務所長

新宿区弥生町1-11-11
株式会社　ラフィオーレ

殿

振替伝票

借方科目／補助	借方金額	貸方科目／補助	貸方金額	摘要
預り金 社会保険料	192,111	普通預金 赤坂銀行	192,111	3月分 社会保険納付 従業員負担分
未払金 社会保険料	193,695	普通預金 赤坂銀行	193,695	3月分 社会保険納付 事業主負担分

● 健康保険料(介護保険料含)・厚生年金保険料は,従業員と事業主がそれぞれ負担している。子ども・子育て拠出金は,全額事業主負担になる。
● 毎月20日過ぎに社会保険事務所から前月分の保険料が記載された「納入告知書」が送付されるので,事業主負担分と従業員負担分を納付する。事業主負担分は,前月末に「法定福利費」勘定の借方と「未払金」勘定(補助科目:社会保険料)の貸方に入力されていることを前提に,その未払金を消し込む仕訳を入力する。
● 従業員が負担する保険料は,一般的に前月分の保険料を当月末に支払われる給料から預り,「預り金」勘定に計上されている。月末の納付時に,預り金を消し込む仕訳を入力する。

⑥社会保険料(当月分の事業主負担分)の費用計上

当月分の社会保険料(事業主負担分)193,695円を費用処理し,
「未払金」勘定(補助科目:社会保険料)に計上する。

振替伝票

借方科目／補助	借方金額	貸方科目／補助	貸方金額	摘要
法定福利費	193,695	未払金 社会保険料	193,695	4月分社会保険料 事業主負担分

4月29日(火)

①本日のショップ売上
レジスタの合計を集計し，データを入力します。

参照 ▶P94／例題 3-6 ▶P94

レジスタ売上集計表			20××.4.29
商品コード	個数	税抜単価	売上代金
MAG-XTO-0001	20	@¥2,500	¥50,000
MAG-XTO-0002	10	@¥4,200	¥42,000
		消費税額	¥9,200
合計 売上高			¥101,200

振替伝票

借方科目／補助	借方金額	貸方科目／補助	貸方金額	摘要

4月30日(水)

①本日のショップ売上
レジスタの合計を集計し，データを入力します。

参照 ▶P94／例題 3-6 ▶P94

レジスタ売上集計表			20××.4.30
商品コード	個数	税抜単価	売上代金
CUP-SOT-001	5	@¥4,000	¥20,000
CUP-TKS-0002	3	@¥8,750	¥26,250
		消費税額	¥4,625
合計 売上高			¥50,875

振替伝票

借方科目／補助	借方金額	貸方科目／補助	貸方金額	摘要

②本日の掛売上

商品は四葉運輸㈱へ発送を依頼しました。 参照 ▶P91／例題 3-5▶P93

売 上 伝 票　　納品書(控)

100-3333
東京都千代田区丸の内1-11-111

中央産業株式会社　　　　　御中

売上日　20××年04月30日
東京都新宿区弥生町1-11-11

株式会社 ラフィオーレ
TEL 03-4567-7890 FAX 03-4567-7891

商品コード／商品名	数量	単位	単価	金額	備考
MAG-XTO-0002　課 オリエントマグカップ	30	個	4,200	126,000	
MAG-XTO-0002　課 オリエントマグカップ	10	個	4,200	42,000	
MAG-XTO-0003　課 テルメス マグカップ	10	個	3,000	30,000	
		税抜額 198,000	消費税額 19,800	合計 217,800	

振替伝票

借方科目／補助	借方金額	貸方科目／補助	貸方金額	摘要

③本日の掛売上

商品は四葉運輸㈱へ発送を依頼しました。 参照 ▶P91／例題 3-5▶P93

売 上 伝 票　　納品書(控)

272-7777
千葉県市川市岩井7-77-7777

有限会社　市川ストア　　　　御中

売上日　20××年04月30日
東京都新宿区弥生町1-11-11

株式会社 ラフィオーレ
TEL 03-4567-7890 FAX 03-4567-7891

商品コード／商品名	数量	単位	単価	金額	備考
MAG-XTO-0001　課 ピノン マグカップ	10	個	2,500	25,000	
MAG-XTO-0002　課 オリエントマグカップ	10	個	4,200	42,000	
MAG-XTO-0003　課 テルメス マグカップ	10	個	3,000	30,000	
		税抜額 97,000	消費税額 9,700	合計 106,700	

振替伝票

借方科目／補助	借方金額	貸方科目／補助	貸方金額	摘要

④**本日，預金通帳の記帳をしました。**

4/22振替分は，インターネットプロバイダへの支払です。4/25振替分¥110,000は家賃で，
4/30振替分¥33,000は月極駐車場代です。4/30振込分¥20,900は損害保険料です。

参照 ▶P84／問題3-7▶P129

赤坂銀行

普通預金

	年−月−日	摘要	お支払金額	お預り金額	差引残高
1	○.04.07	入金		370,124	2,521,785
2	○.04.14	入金		480,000	3,001,785
3	○.04.14	電話	7,150	ケイタイ	2,994,635
4	○.04.14	電話	9,900	ケイタイ	2,984,735
5	○.04.15	電話	16,610	NTT	2,968,125
6	○.04.15	電話	22,990	NTT	2,945,135
7	○.04.18	振込	330,000		2,615,135
8	○.04.18	手数料	550	ジョウサイコウコク	2,614,585
9	○.04.18	振込	220,000		2,394,585
10	○.04.18	手数料	550	ヨツバウンユ.カ)	2,394,035
11	○.04.21	入金		472,867	2,866,902
12	○.04.21	振替	23,100	サイタマリース	2,843,802
13	○.04.22	振替	2,970	ビジネスネット	2,840,832
14	○.04.24	引出	1,300,000		1,540,832
15	○.04.25	振替	110,000	スターフドウサン	1,430,832
16	○.04.28	入金		522,742	1,953,574
17	○.04.28	振込	385,806	シャカイホケン	1,567,768
18	○.04.30	振替	33,000	スターフドウサン	1,534,768
19	○.04.30	振込	20,900	ホケン	1,513,868

振替伝票

借方科目／補助	借方金額	貸方科目／補助	貸方金額	摘要

借方科目／補助	借方金額	貸方科目／補助	貸方金額	摘要

借方科目／補助	借方金額	貸方科目／補助	貸方金額	摘要

●預金通帳と帳簿（預金出納帳や補助元帳）の記帳内容を確認し，当社の未記帳分だけを処理する。
●通帳記入の結果，下記の自動振替（引落）が判明した。
　赤坂銀行の普通預金口座からプロバイダ料金・事務所家賃・駐車場代，そして，保険料が自動引落されている。
●家賃や駐車場代は，「地代家賃」勘定で処理する。
●プロバイダ料金は，「通信費」勘定で処理する。

赤坂銀行

当座預金

	年−月−日	摘要	お支払金額	お預り金額		差引残高
1	○.04.15	振替	128,944	ニッポンコウコ		1,371,056
2	○.04.29	引落	702,450	ハシモトショウカイ		668,606
3	○.04.30	引落	404,250	オーヤマ		264,356

小和銀行

普通預金

	年−月−日	摘要	お支払金額	お預り金額		差引残高
1	○.04.10	振込		アツギサンギョウ.カ)	2,685,100	5,545,100
2	○.04.10	振込		チュウオウサンギョウ.カ)	3,281,750	8,826,850
3	○.04.10	振込		アイチマート.カ)	1,920,450	10,747,300
4	○.04.18	振込	2,967,700	カ)アンデス		7,779,600
5	○.04.18	手数料	550			7,779,050
6	○.04.18	振込	2,570,400	アトラス.カ)		5,208,650
7	○.04.18	手数料	550			5,208,100
8	○.04.18	振込	1,255,800	ユ)フジ		3,952,300
9	○.04.18	手数料	550			3,951,750
10	○.04.18	振込		ユ)ブンキョウショッキ	1,559,650	5,511,400
11	○.04.18	振込		ユ)イチカワストア	278,250	5,789,650

東都信用金庫

普通預金

	年−月−日	摘要	お支払金額	お預り金額		差引残高
1	○.04.10	振替	100,000	テイキツミキンヘ		228,090

●東都信用金庫の振替は,毎月,普通預金から定期積金への自動振替分である。企業では,納税準備などのために定期的に積み立てることがある。

2 残高のチェック

　会計ソフトの各帳簿残高と証ひょう類，実際の有無を照合します。現金の実際調査や商品の実地棚卸など，必要な手続きを確認しましょう。

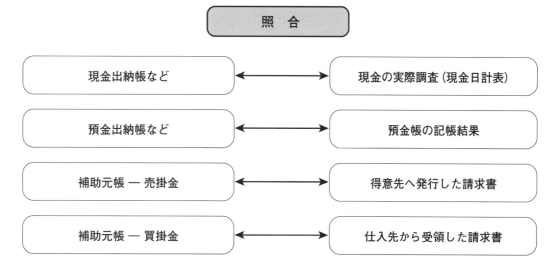

①金種票を作成して，手もとの現金と会計ソフトの帳簿を確認しましょう。

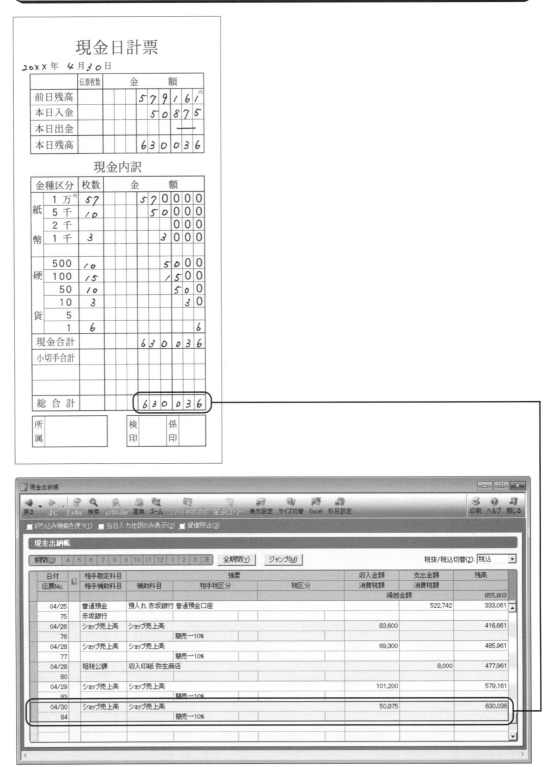

（入力画面例）

②預金残高と会計ソフトの各帳簿残高を確認しましょう。

赤坂銀行

普通預金

	年－月－日	摘要	お支払金額	お預り金額	差引残高
1	○.04.07	入金		370,124	2,521,785
2	○.04.14	入金		480,000	3,001,785
	○.04.25	振替		ケイタイ	2,994,635
16	○.04.28	入金			574
17	○.04.28	振込	385,806	シャカイホケン	1,567,768
18	○.04.30	振替	33,000	スターフドウサン	1,534,768
19	○.04.30	振込	20,900	ホケン	1,513,868

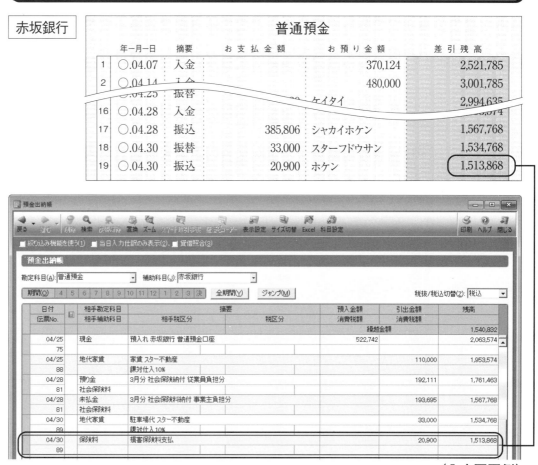

（入力画面例）

赤坂銀行

当座預金

	年－月－日	摘要	お支払金額	お預り金額	差引残高
1	○.04.15	振替	128,944	ニッポンコウコ	1,371,056
2	○.04.29	引落	702,450	ハシモトショウカイ	668,606
3	○.04.30	引落	404,250	オーヤマ	264,356

（入力画面例）

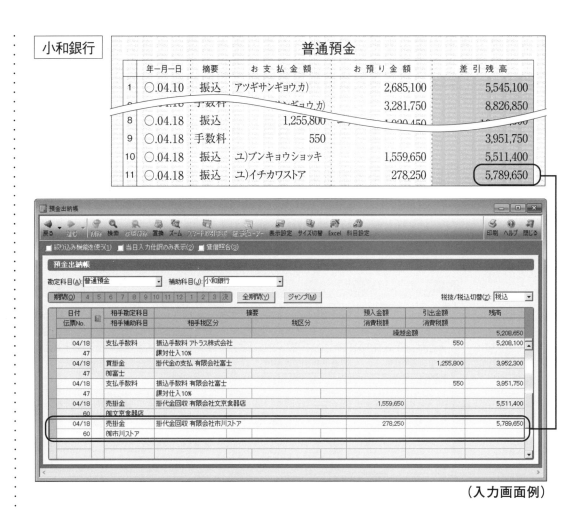

小和銀行

普通預金

	年－月－日	摘要	お 支 払 金 額	お 預 り 金 額	差 引 残 高
1	○.04.10	振込	アツギサンギョウカ)	2,685,100	5,545,100
	○.04.10	手数料	○○ギョウカ)	3,281,750	8,826,850
8	○.04.18	振込	1,255,800		
9	○.04.18	手数料	550		3,951,750
10	○.04.18	振込	ユ)ブンキョウショッキ	1,559,650	5,511,400
11	○.04.18	振込	ユ)イチカワストア	278,250	5,789,650

（入力画面例）

東都信用金庫

普通預金

	年－月－日	摘要	お 支 払 金 額	お 預 り 金 額	差 引 残 高
1	○.04.10	振替	100,000	テイキツミキンヘ	228,090

（入力画面例）

③月末の売掛金残高一覧表・買掛金残高一覧表と会計ソフトの売掛帳の掛代金を確認
　しましょう。

〈弥生販売からのデータ〉

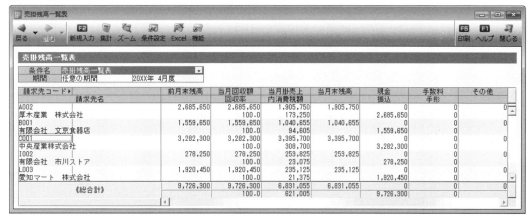

〈弥生販売からのデータ〉

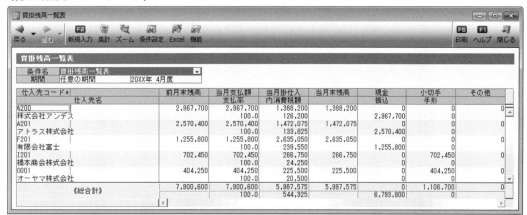

(注) 個人学習用プログラムとして「弥生販売」は, 用意されていません。

売掛帳-文京食器店 （売掛帳の画面例）

買掛帳-アトラス㈱ （買掛帳の画面例）

④帳簿を出力して確認しましょう。

20XX年度　　　　　　　　　　　　　　　　　　　　　売掛金

厚木産業㈱　　　　　　　　　　　　　　　　　　　　　　　　　　　　　　　　税込

日　付 伝票No	相手勘定科目 相手補助科目	摘　要	税 区 分 売 上 金 額	相手税区分 回 収 金 額	残　　高
4/ 1		前期より繰越			2,685,650
4/ 7 15	一般売上高	掛売上高 厚木産業株式会社	294,250	簡売－10%	2,979,900
4/10 27	普通預金 小和銀行	掛代金回収 厚木産業株式会社		2,685,100	294,800
	支払手数料	振込手数料厚木産業株式会社 当社負担		課対仕入10% 550	294,250
4/14 39	一般売上高	掛売上高 厚木産業株式会社	396,000	簡売－10%	690,250
4/21 55	一般売上高	掛売上高 厚木産業株式会社	880,000	簡売－10%	1,570,250
4/28 78	一般売上高	掛売上高 厚木産業株式会社	335,500	簡売－10%	1,905,750
		4月度 合計	1,905,750	2,685,650	
		翌期へ繰越			1,905,750

20XX年度　　　　　　　　　　　　　　　　　　　　　買掛金

㈱アンデス　　　　　　　　　　　　　　　　　　　　　　　　　　　　　　　　税込

日　付 伝票No	相手勘定科目 相手補助科目	摘　要	税 区 分 仕 入 金 額	相手税区分 支 払 金 額	残　　高
4/ 1		前期より繰越			2,967,700
4/ 4 10	仕入高	掛仕入高 株式会社アンデス	1,168,750	課対仕入10%	4,136,450
4/18 47	普通預金 小和銀行	掛代金の支払 株式会社アンデス		2,967,700	1,168,750
4/25 74	仕入高	掛仕入高 株式会社アンデス	219,450	課対仕入10%	1,388,200
		4月度 合計	1,388,200	2,967,700	
		翌期へ繰越			1,388,200

第4章の入力結果は，ダウンロードした「株式会社ラフィオーレ4章解答（4期）」の学習
用データで確認することができます。〈P220参照〉

⑤ 4月30日現在の残高一覧表（一部）

現金預金の明細

期間:自 20××年 4月1日 至 20××年 4月30日

科　　目	前月繰越	当月借方	当月貸方	当月月末
現金	¥236,000	¥3,983,536	¥3,589,500	¥630,036
当座預金 赤坂銀行	¥1,500,000	¥0	¥1,235,644	¥264,356
普通預金 赤坂銀行	¥2,151,661	¥1,845,733	¥2,483,526	¥1,513,868
小和銀行	¥2,860,000	¥9,725,200	¥6,795,550	¥5,789,650
東都信用金庫	¥328,090	¥0	¥100,000	¥228,090
	¥5,339,751	¥11,570,933	¥9,379,076	¥7,531,608
定期積金 東都信用金庫	¥1,000,000	¥100,000	¥0	¥1,100,000
現金預金合計	¥8,075,751	¥15,654,469	¥14,204,220	¥9,526,000

売掛金の明細

期間：自 20XX年 4月1日　至 20XX年 4月30日

補助科目	前期繰越	当月借方	当月貸方	当月残高
厚木産業㈱	¥2,685,650	¥1,905,750	¥2,685,650	¥1,905,750
㈲文京食器店	¥1,559,650	¥1,040,655	¥1,559,650	¥1,040,655
中央産業㈱	¥3,282,300	¥3,395,700	¥3,282,300	¥3,395,700
㈲市川ストア	¥278,250	¥253,825	¥278,250	¥253,825
愛知マート㈱	¥1,920,450	¥235,125	¥1,920,450	¥235,125
合計	¥9,726,300	¥6,831,055	¥9,726,300	¥6,831,055

買掛金の明細

期間：自 20XX年 4月1日　至 20XX年 4月30日

補助科目	前期繰越	当月借方	当月貸方	当月残高
㈱アンデス	¥2,967,700	¥2,967,700	¥1,388,200	¥1,388,200
アトラス㈱	¥2,570,400	¥2,570,400	¥1,472,075	¥1,472,075
㈲富士	¥1,255,800	¥1,255,800	¥2,635,050	¥2,635,050
橋本商会㈱	¥702,450	¥702,450	¥266,750	¥266,750
オーヤマ㈱	¥404,250	¥404,250	¥225,500	¥225,500
合計	¥7,900,600	¥7,900,600	¥5,987,575	¥5,987,575

第5章 会計情報の活用

入力処理された取引データは，各種の集計表で表示させることができます。入力データのチェックだけでなく，タイムリーに企業の財務状況をつかむことができます。これらの会計情報は，企業の経営判断にとって重要な資料となります。

第5章 会計情報の活用

1 会計データの集計と活用

　帳簿や伝票に入力した取引データは，各種の集計表で確認することができます。各種の集計は，それぞれに利用目的があります。調べようとしている目的の金額（会計情報）は，どの集計表が適切なのかを学習しましょう。得られた会計情報（財務諸表による数値）を経営の意思決定に役立たせることが重要です。

　もし，入力データに誤りがある場合でも，集計表に金額などを直接入力して修正することはできません。入力した伝票や補助元帳を選択して表示させ，取引を修正します。

　クイックナビゲータの［集計］のカテゴリをクリックすると次の画面が表示されます。集計表の種類は，次のようなものがあります。

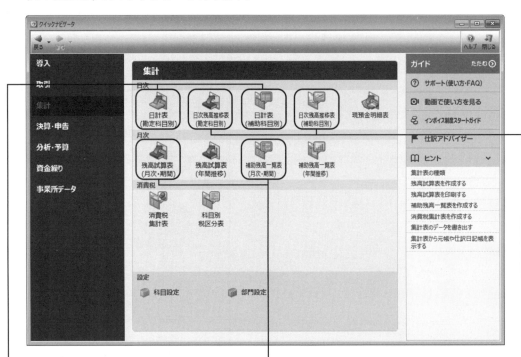

勘定科目，補助科目ごとに指定した日付，期日で集計し，借方・貸方の合計額，残高金額を表示します。

勘定科目，補助科目を科目区分ごとに指定した月単位で集計し，借方・貸方の合計額，残高金額を表示します。

勘定科目，補助科目ごとの借方・貸方の合計額と残高金額を日付単位の推移で表示します。

(1)日次集計（日計表の集計／勘定科目別・補助科目別）

　勘定科目別の日計表では，勘定科目ごとに日付や期間を指定して，借方と貸方の合計額や残高を集計・表示することができます。

　また，補助科目別の日計表では，補助科目ごとに日付や期間を指定して集計・表示することができます。第4章で入力した会計データをもとにして，集計結果を確認してみましょう。

（第5章から学習する場合は，「株式会社ラフィオーレ5章（4期）」の学習用データを復元して使用します。〈P51参照〉）

● 例 題 5 - 1　　　　　　　　　　　　　　　　　　📖P194 問題5-1 ●

4月7日の日計表（勘定科目別）を作成してみましょう。

① クイックナビゲータの［集計］カテゴリから［日計表（勘定科目別）］をクリックします。

② ［集計対象］で「取引日付」を選択します。

③ ［期間］で「4/7」～「4/7」を指定します。

④ ［集計］ボタンをクリックして集計します。

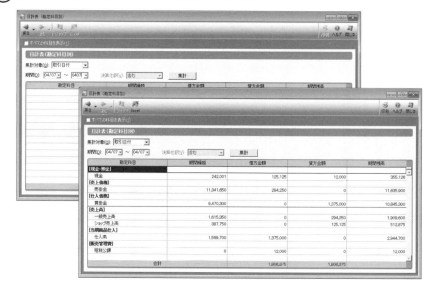

借方と貸方が同じ金額の場合，その日付における取引が推定できます。たとえば，4/7は，現金の借方金額は¥125,125で，ショップ売上高の貸方が同じ¥125,125です。つまり，現金によりショップ販売¥125,125の取引が入力されたことが推定できます。それぞれの帳簿でも確認することができます。

● 例 題 5 - 2 📖P196 問題5-2 ●

4月7日から10日までの日計表（補助科目別・買掛金）の取引を調べてみましょう。

① クイックナビゲータの[集計]カテゴリから[日計表（補助科目別）]をクリックします。

② [すべての補助科目を表示]にチェックをつけます。

③ [集計対象]で[取引日付]を選択し，[勘定科目]で[買掛金]を選択します。

④ [期間]で「4/7」～「4/10」を指定します。

⑤ [集計]ボタンをクリックして集計します。

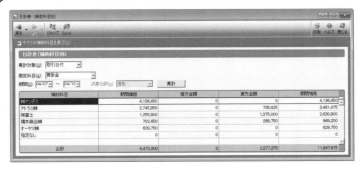

解 説 ••

日計表（補助科目別・買掛金）は，買掛帳で仕入先を指定して日付を検索した結果と同じになります。確認してみましょう。

(2) 残高試算表（勘定科目別）

　残高試算表は，すべての勘定科目を集計した一覧表です。指定した月単位で，勘定科目や科目区分ごとに借方と貸方の合計額・残高を集計・表示することができます。

　残高試算表のうち，資産，負債，資本に属する勘定科目を一覧表にして，企業の財政状態を示した表が貸借対照表です。また，収益と費用に属する勘定科目を集計して，一定期間の損益計算を行った表が損益計算書です。

● 例 題 5 - 3 ● 　　　　　　　　　　　　　📖P197 問題5-3 ●

　4月の貸借対照表と損益計算書を表示してみましょう。

① クイックナビゲータの［集計］カテゴリから［残高試算表（月次・期間）］をクリックします。

② 残高試算表（貸借対照表）が表示されます。

　タブを切り替えると，損益計算書を表示することができます。

　　　　　　　　　　　　　　　　クリックすると月度ごとに，ドラッグすると期間で残高試算表が自動的に集計されます。

　　　　　　　　　　　　　　　　構成比を参考にして，「利益率」などを確認できます。

　　　　　　　　　　　　　　　　補助科目の表示欄が下段に用意されています。

（月次決算整理後：P186～P190の処理後）

解 説 ●

残高試算表から総勘定元帳の各勘定科目を表示することができます。

① 呼び出す勘定科目の行をクリックして選択します。

② ツールバーの［ジャンプ］ボタンをクリックします。

▶ (3) 補助残高一覧表 (補助科目別)

補助残高一覧表は，各勘定科目に設定されている補助科目の前期（前月）繰越や当月借
方，当月貸方の金額，そして当月残高金額を集計・表示することができます。たとえば，普
通預金勘定に補助科目として設定されている銀行ごとの各金額や売掛金勘定に補助科目と
して設定されている得意先ごとの各金額を一覧表示することができます。

● **例 題 5 - 4**　　　　　　　　　　　　　　　　　　　📖P199 **問題5-4** ●

売掛金勘定に設定されている補助科目（4月）の前期繰越や当月借方，当月貸方の金額
などを集計・表示し，印刷してみましょう。

① クイックナビゲータの［集計］カテゴリから
　［補助残高一覧表（月次・期間）］をクリックします。

② ［勘定科目］で［売掛金］を選択します。

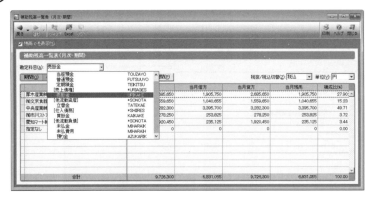

③ ［期間］で4月を指定します。

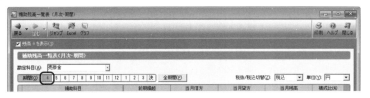

④ [印刷]ボタンをクリックすると，印刷設定の画面が表示されます。

ここでは「すべての勘定科目を印刷する」にチェックを入れて印刷してみましょう。

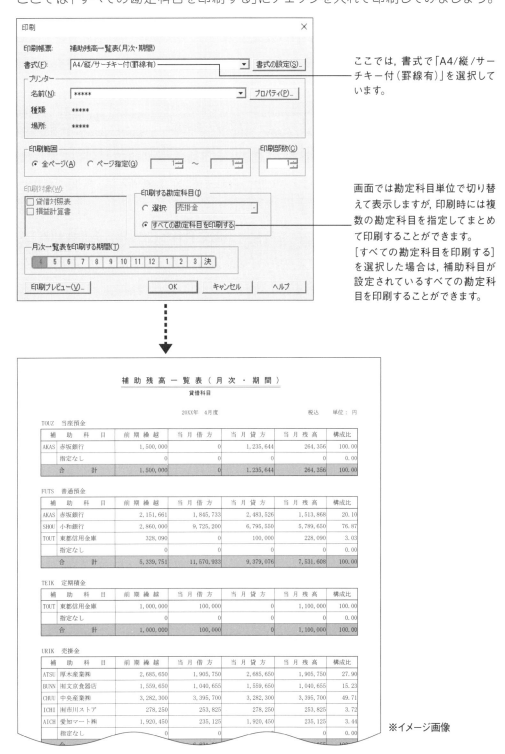

ここでは，書式で「A4/縦/サーチキー付（罫線有）」を選択しています。

画面では勘定科目単位で切り替えて表示しますが，印刷時には複数の勘定科目を指定してまとめて印刷することができます。
[すべての勘定科目を印刷する]を選択した場合は，補助科目が設定されているすべての勘定科目を印刷することができます。

※イメージ画像

2 月次決算の会計処理（進んだ学習）

　月次決算は，会社法や法人税法などの規定による事業年度末の決算とは別に，経営の改善や管理の目的で毎月行われる決算です。月次決算では，月間の売上高や利益，諸経費の発生など，経営活動の状況を確認し，月間での予算と実績の比較，月次の推移などをチェックします。

▶ (1) 売上原価の算定

　経営活動の成果として計算する利益は，その会計期間に属する収益から費用を差し引く「期間損益計算」によって求められます。売上原価とは，当期に売り上げた商品の仕入値（原価）を意味します。

　会計ソフトでは，損益計算書の勘定科目として「期首商品棚卸高」，「仕入高」，「期末商品棚卸高」，そして貸借対照表の「商品」という勘定科目によって売上原価を自動的に計算します。

　月次決算における売上原価は，月初の商品棚卸高に月中の仕入高を加え，月末の商品棚卸高を差し引くことで求めることができます。

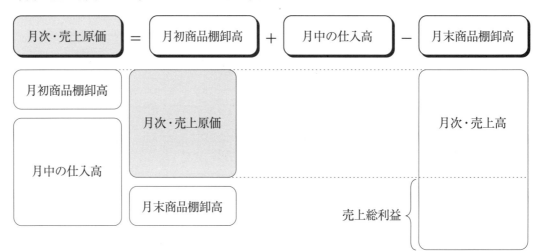

| 月次・売上原価 | ＝ | 月初商品棚卸高 | ＋ | 月中の仕入高 | － | 月末商品棚卸高 |

⌨ **入力練習**　**第4章で入力したデータに，4月の月次決算仕訳として追加入力します。**
（または，「株式会社ラフィオーレ5章（4期）」の学習用データを復元して使用します。〈P51参照〉）

● 例題 5 - 5　　　　　📖P200 問題5-5 ●

　4月30日現在，月初商品棚卸高¥2,281,250，月末商品棚卸高¥3,432,775である場合，前期繰越商品の金額を「商品」勘定から「期首商品棚卸高」勘定へ振り替える仕訳を起票してみましょう。

振替伝票

借方科目／補助	借方金額	貸方科目／補助	貸方金額	摘要
期首商品棚卸高	2,281,250	商品	2,281,250	4月・月初商品棚卸高

解説 •

期首棚卸高（前期末の棚卸高）を今期最初の月に「期首商品棚卸高」として計上（振替）します。

入力練習

● **例題 5 - 6**  P200 **問題5-6** ●

4月30日現在，月初商品棚卸高¥2,281,250，月末商品棚卸高¥3,432,775である場合，4月末の商品棚卸高の金額を「商品」勘定の借方と「期末商品棚卸高」勘定の貸方に記入する仕訳を起票してみましょう。

振替伝票

借方科目／補助	借方金額	貸方科目／補助	貸方金額	摘要
商品	3,432,775	期末商品棚卸高	3,432,775	4月・月末商品棚卸高

解説 •

4月中の仕入高の金額は，すでに「仕入高」勘定に入力されているので，4月末の商品棚卸高を「期末商品棚卸高」勘定に入力することで，売上原価を自動的に計算します。

4月末の各勘定は，次の通りです。

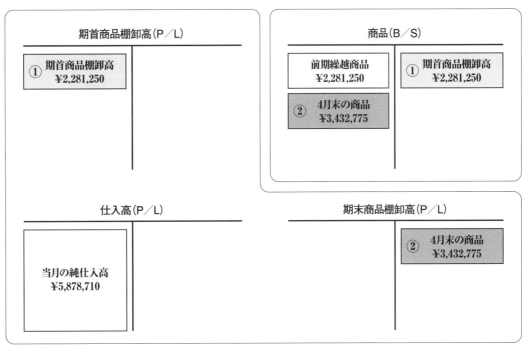

※4月の純仕入高を¥5,878,710とした場合

● 例 題 5 - 7

📖 P201 問題5-7 ●

会計期間の2ヶ月目である5月31日の仕訳を下の振替伝票で確認してみましょう。

5月・月初商品棚卸高：¥3,432,775

5月・月末商品棚卸高：¥2,607,975

（5月末の仕訳例ですのでここでは入力しません）

振替伝票

借方科目／補助	借方金額	貸方科目／補助	貸方金額	摘要
期末商品棚卸高	3,432,775	商品	3,432,775	4月・月末商品棚卸高
商品	2,607,975	期末商品棚卸高	2,607,975	5月・月末商品棚卸高

解 説 ・・

　4月末の棚卸高を戻し入れ（振り戻し），5月末の棚卸高を「期末商品棚卸高」勘定に入力します。　この仕訳入力により，残高試算表（損益計算書）における「売上原価」の5月末残高（当月残高欄）は，4月と5月を累計で計算した「売上原価」の金額が表示されます。

　また，この仕訳入力により，残高試算表（損益計算書）における「期末商品棚卸高」の5月末残高は，5月末における「期末商品棚卸高」の金額が表示されます。

　なお，「仕入高」の5月末残高（当月残高欄）は，期中の仕訳入力により4月と5月を累計で計算した金額が表示されます。

　5月末の勘定は，次の通りです。

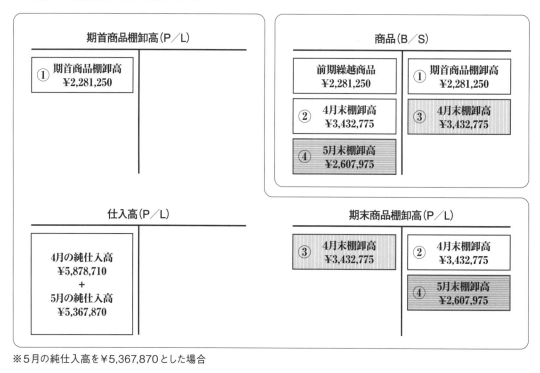

※5月の純仕入高を¥5,367,870とした場合

(2)締日後に発生した荷造運賃の計上

四葉運輸㈱への発送費については、毎月20日締めで合計請求書を受け取り、当月分の金額を「荷造運賃」勘定の借方に入力するとともに「未払金」勘定の貸方に入力しました。(P157参照)

請求額については、翌月中旬に銀行振込依頼書を作成し、支払期日までに振込処理を完了させます。

月次決算の処理では、4月の月次損益を正しく算定させるために、締日後から月末までに発生した発送費を調べて、「荷造運賃」勘定と「未払費用」勘定へ追加入力します。

入力練習

● 例 題 5 - 8

4月21日から30日までの発送運賃63,800円を「荷造運賃」勘定と「未払費用」勘定（補助科目：荷造運賃）に計上します。

振替伝票

借方科目／補助	借方金額	貸方科目／補助	貸方金額	摘要
荷造運賃	63,800	未払費用 荷造運賃	63,800	発送運賃・4月21日〜30日分

解 説 ・・

事務処理用の発送運賃（四葉運輸㈱）計算表を示せば、次の通りです。

(事務処理用)	発送運賃（四葉運輸㈱）計算表			No.1
	＝ 省 略 ＝			
	請 求 額	振込日 ／ 支払額	月末・未払額(21日〜末日)	発送運賃(月次)
3月分(2/21-3/20)	¥220,000	4/21　¥220,000	¥0	¥220,000
4月分(3/21-4/20)	¥140,800		¥63,800	¥204,600

なお、5月1日に下記の再振替仕訳を行うことによって、5月20日締めで受け取った合計請求書(4/21〜5/20)を処理しても、5月の月次損益を正しく算定することができます。

(5月1日の仕訳例ですのでここでは入力しません)

借方科目／補助	借方金額	貸方科目／補助	貸方金額	摘要
未払費用 荷造運賃	63,800	荷造運賃	63,800	再振替仕訳

(3) 減価償却の月割計上

　減価償却の計算は，事業年度末の年次決算処理(中間決算と本決算)で行われます。月次決算の場合は，年間の減価償却見積額を月割りにすることで平均化します。

 入力練習

● **例題5-9**　　　　　　　　　　　　　　　　📖P201　問題5-8 ●

　4月の月割額を計上します。

車両運搬具の減価償却(月割)　¥28,201

(注)入力例(初級用会計データには，設定されていません。)

工具器具備品の減価償却(月割)　¥14,978

(注)入力例(初級用会計データには，設定されていません。)

振替伝票

借方科目／補助	借方金額	貸方科目／補助	貸方金額	摘要
減価償却費	43,179	減価償却累計額	43,179	4月分減価償却費

《注》P186～190の月
次決算仕訳入力後
の集計です。

貸借対照表　資産の部

残 高 試 算 表 （ 月 次 ・ 期 間 ）

貸借対照表

20XX年　4月度　　　　　　　　　　　　　税込　　単位：円

勘　定　科　目	前 期 繰 越	当 月 借 方	当 月 貸 方	当 月 残 高	構成比
現　　　　　　金	236,000	3,983,536	3,589,500	630,036	2.67
当　座　預　金	1,500,000	0	1,235,644	264,356	1.12
普　通　預　金	5,339,751	11,570,933	9,379,076	7,531,608	31.89
定　期　積　金	1,000,000	100,000	0	1,100,000	4.66
現 金・預 金 合 計	8,075,751	15,654,469	14,204,220	9,526,000	40.33
売　　掛　　金	9,726,300	6,831,055	9,726,300	6,831,055	28.92
売 上 債 権 合 計	9,726,300	6,831,055	9,726,300	6,831,055	28.92
有 価 証 券 合 計	0	0	0	0	0.00
商　　　　　　品	2,281,250	3,432,775	2,281,250	3,432,775	14.53
棚 卸 資 産 合 計	2,281,250	3,432,775	2,281,250	3,432,775	14.53
立　　替　　金	250,000	0	0	250,000	1.06
仮　　払　　金	0	100,000	100,000	0	0.00
他 流 動 資 産 合 計	250,000	100,000	100,000	250,000	1.06
流 動 資 産 合 計	20,333,301	26,018,299	26,311,770	20,039,830	84.84
車 両 運 搬 具	2,350,000	0	0	2,350,000	9.95
工 具 器 具 備 品	850,000	0	0	850,000	3.60
減 価 償 却 累 計 額	-1,575,669	0	43,179	-1,618,848	-6.85
有 形 固 定 資 産 計	1,624,331	0	43,179	1,581,152	6.69
無 形 固 定 資 産 計	0	0	0	0	0.00
差 入 保 証 金	2,000,000	0	0	2,000,000	8.47
投資その他の資産合計	2,000,000	0	0	2,000,000	8.47
固 定 資 産 合 計	3,624,331	0	43,179	3,581,152	15.16
繰 延 資 産 合 計	0	0	0	0	0.00
資　産　合　計	23,957,632	26,018,299	26,354,949	23,620,982	100.00

貸借対照表 負債の部・純資産の部

残 高 試 算 表 （ 月 次 ・ 期 間 ）
貸借対照表

		20XX年 4月度		税込	単位：円
勘 定 科 目	前 期 繰 越	当 月 借 方	当 月 貸 方	当 月 残 高	構成比
買 掛 金	7,900,600	7,900,600	5,987,575	5,987,575	25.35
仕 入 債 務 合 計	7,900,600	7,900,600	5,987,575	5,987,575	25.35
未 払 金	413,695	743,695	664,495	334,495	1.42
未 払 費 用	0	0	63,800	63,800	0.27
未 払 法 人 税 等	437,000	0	0	437,000	1.85
未 払 消 費 税 等	399,600	0	0	399,600	1.69
預 り 金	178,281	283,491	284,481	179,271	0.76
他 流 動 負 債 合 計	1,428,576	1,027,186	1,012,776	1,414,166	5.99
流 動 負 債 合 計	9,329,176	8,927,786	7,000,351	7,401,741	31.34
長 期 借 入 金	1,645,334	124,831	0	1,520,503	6.44
固 定 負 債 合 計	1,645,334	124,831	0	1,520,503	6.44
負 債 合 計	10,974,510	9,052,617	7,000,351	8,922,244	37.77
資 本 金	10,000,000	0	0	10,000,000	42.34
資 本 金 合 計	10,000,000	0	0	10,000,000	42.34
新株式申込証拠金合計	0	0	0	0	0.00
資 本 準 備 金 合 計	0	0	0	0	0.00
その他資本剰余金合計	0	0	0	0	0.00
資 本 剰 余 金 合 計	0	0	0	0	0.00
利 益 準 備 金 合 計	0	0	0	0	0.00
任 意 積 立 金 合 計	0	0	0	0	0.00
繰 越 利 益	2,983,122	0	0	2,983,122	12.63
当 期 純 損 益 金 額	0		1,715,616	1,715,616	7.26
繰 越 利 益 剰 余 金 合 計	2,983,122	0	1,715,616	4,698,738	19.89
その他利益剰余金合計	2,983,122	0	1,715,616	4,698,738	19.89
利 益 剰 余 金 合 計	2,983,122	0	1,715,616	4,698,738	19.89
自 己 株 式 合 計	0	0	0	0	0.00
自己株式申込証拠金合計	0	0	0	0	0.00
株 主 資 本 合 計	12,983,122	0	1,715,616	14,698,738	62.23
評価・換算差額等合計	0	0	0	0	0.00
新 株 予 約 権 合 計	0	0	0	0	0.00
純 資 産 合 計	12,983,122	0	1,715,616	14,698,738	62.23
負 債 ・ 純 資 産 合 計	23,957,632	9,052,617	8,715,967	23,620,982	100.00

残 高 試 算 表 （ 月 次 ・ 期 間 ）

損益計算書

20XX年 4月度 　　　　　　　　　　　　　　　税込　　単位：円

勘 定 科 目	前 期 繰 越	当 月 借 方	当 月 貸 方	当 月 残 高	対売上比
一 般 売 上 高	0	0	6,831,055	6,831,055	74.15
ショップ 売 上 高	0	0	2,381,720	2,381,720	25.85
売 上 高 合 計	0	0	9,212,775	9,212,775	100.00
期 首 商 品 棚 卸 高	0	2,281,250	0	2,281,250	24.76
期 首 商 品 棚 卸 高	0	2,281,250	0	2,281,250	24.76
仕 入 高	0	5,987,575	0	5,987,575	64.99
当 期 商 品 仕 入 高	0	5,987,575	0	5,987,575	64.99
合 計	0	8,268,825	0	8,268,825	89.75
期 末 商 品 棚 卸 高	0	0	3,432,775	3,432,775	37.26
期 末 商 品 棚 卸 高	0	0	3,432,775	3,432,775	37.26
売 上 原 価	0	8,268,825	3,432,775	4,836,050	52.49
売 上 総 損 益 金 額	0		4,376,725	4,376,725	47.51
役 員 報 酬	0	500,000	0	500,000	5.43
給 料 手 当	0	918,000	0	918,000	9.96
雑 給	0	48,000	0	48,000	0.52
法 定 福 利 費	0	193,695	0	193,695	2.10
福 利 厚 生 費	0	5,292	0	5,292	0.06
荷 造 運 賃	0	204,600	0	204,600	2.22
広 告 宣 伝 費	0	330,000	0	330,000	3.58
交 際 費	0	20,350	0	20,350	0.22
旅 費 交 通 費	0	91,470	0	91,470	0.99
通 信 費	0	68,020	0	68,020	0.74
消 耗 品 費	0	3,740	0	3,740	0.04
事 務 用 品 費	0	15,675	0	15,675	0.17
支 払 手 数 料	0	3,850	0	3,850	0.04
地 代 家 賃	0	143,000	0	143,000	1.55
リ ー ス 料	0	23,100	0	23,100	0.25
保 険 料	0	20,900	0	20,900	0.23
租 税 公 課	0	20,000	0	20,000	0.22
減 価 償 却 費	0	43,179	0	43,179	0.47
雑 費	0	4,125	0	4,125	0.04
販 売 管 理 費 計	0	2,656,996	0	2,656,996	28.84
営 業 損 益 金 額	0		1,719,729	1,719,729	18.67
営 業 外 収 益 合 計	0	0	0	0	0.00
支 払 利 息	0	4,113	0	4,113	0.04
営 業 外 費 用 合 計	0	4,113	0	4,113	0.04
経 常 損 益 金 額	0		1,715,616	1,715,616	18.62
特 別 利 益 合 計	0	0	0	0	0.00
特 別 損 失 合 計	0	0	0	0	0.00
税引前当期純損益金額	0		1,715,616	1,715,616	18.62
当 期 純 損 益 金 額	0		1,715,616	1,715,616	18.62

練習問題

3 会計データの集計と活用

　利用する目的に応じて，会計データを集計・表示させます。会計ソフトは，入力と同時に集計されているので，タイムリーに必要な情報を引き出し，意思決定の資料とすることができます。

⌨ 入力練習 「株式会社ラフィオーレ 5 章練習問題（4期）」の学習用データを復元して使用します。〈P51参照〉

● 問題5-1　日計表（勘定科目別）　　解答PDF P35 ●

※会計データの取引日付と曜日は，学習用のもので実際とは異なります。

設問1　取引日付による集計① ・・・・・・・・・・・・・・・・・・・・・・・・・・・・・・

　4月14日の日計表を集計・表示させ，次の集計表の各項目に金額を記入しましょう。

《期間》自 20XX年 4月14日　至 20XX年 4月14日

勘定科目	期間繰越	借方金額	貸方金額	期間残高
［現金・預金］				
現金	¥136,989			
普通預金	¥13,977,175			
［売上債権］				
売掛金	¥5,251,255			
［売上高］				
一般売上高	¥3,413,355			
ショップ売上高	¥975,150			
［販売管理費］				
通信費	¥4,200			
合計		¥488,675	¥488,675	

設問2 取引日付による集計②・・・・・・・・・・・・・・・・・・・・・・・・・・・・・・

4月20日〜23日の日計表を集計・表示させ、次の集計表の各項目に金額を記入しましょう。

《**期間**》自 20XX年 4月20日　至 20XX年 4月23日

勘定科目	期間繰越	借方金額	貸方金額	期間残高
[現金・預金]				
現金	￥222,957			
普通預金	￥8,884,642			
[売上債権]				
売掛金	￥4,598,880			
[他流動資産]				
仮払金	￥100,000			
[仕入債務]				
買掛金	￥5,348,025			
[他流動負債]				
未払金	￥193,695			
[売上高]				
一般売上高	￥4,598,880			
ショップ売上高	￥1,546,435			
[当期商品仕入]				
仕入高	￥4,241,325			
[販売管理費]				
荷造運賃	￥0			
交際費	￥0			
旅費交通費	￥0			
通信費	￥65,050			
リース料	￥0			
雑費	￥0			
合計		￥2,159,035	￥2,159,035	

●問題5-2 日計表（補助科目別）

解答 PDF P37

下記の期間で、各勘定科目・補助科目ごとの日計表を集計・表示させ、次の集計表の各項目に金額を記入してみましょう。

設問1

4月18日〜21日の期間で、普通預金の補助科目の日計表を集計・表示させ、次の集計表の各項目に金額を記入しましょう。

勘定科目：普通預金（補助科目）

《期間》自 20XX年 4月18日　至 20XX年 4月21日

補助科目	期間繰越	借方金額	貸方金額	期間残高
赤坂銀行	¥2,945,135			
小和銀行	¥10,747,300			
東都信用金庫	¥228,090			
指定なし	¥0			
合計	¥13,920,525	¥2,310,767	¥7,369,750	¥8,861,542

設問2

4月24日〜30日の期間で、買掛金の補助科目の日計表を集計・表示させ、次の集計表の各項目に金額を記入しましょう。

勘定科目：買掛金（補助科目）

《期間》自 20XX年 4月24日　至 20XX年 4月30日

補助科目	期間繰越	借方金額	貸方金額	期間残高
㈱アンデス	¥1,168,750			
アトラス㈱	¥1,472,075			¥1,472,075
㈲富士	¥1,375,000			
橋本商会㈱	¥969,200			
オーヤマ㈱	¥629,750			
指定なし	¥0			
合計	¥5,614,775	¥1,106,700	¥1,479,500	¥5,987,575

●問題 5-3 残高試算表（勘定科目別）

　4月の貸借対照表と損益計算書において，下記の勘定科目の金額を集計・表示させ，次の集計表の各項目に金額を記入しましょう。

設問1 　貸借対照表の集計・・・・・・・・・・・・・・・・・・・・・・・・・・・・・・・・・・・・・

4月30日現在　残高試算表：貸借対照表（抜粋）

勘定科目	期間繰越	借方金額	貸方金額	期間残高
［現金・預金］				
現金	¥236,000			
当座預金	¥1,500,000			
普通預金	¥5,339,751			
定期積金	¥1,000,000	¥100,000	¥0	¥1,1000,000
現金・預金合計	¥8,075,751	¥15,654,469	¥14,204,220	¥9,526,000
［売上債権］				
売掛金	¥9,726,300			
売上債権合計	¥9,726,300			
［有価証券］				
有価証券合計	¥0	¥0	¥0	¥0
［棚卸資産］				
商品	¥2,281,250			
棚卸資産合計	¥2,281,250			
［他流動資産］				
立替金	¥250,000	¥0	¥0	¥250,000
仮払金	¥0			¥0
他流動資産合計	¥250,000			¥250,000
流動資産合計	¥20,333,301	¥26,018,299	¥26,311,770	¥20,039,830

設問2 損益計算書の集計 ・・・・・・・・・・・・・・・・・・・・・・・・・・

残高試算表：損益計算書（抜粋）

《**期間**》自 20XX年 4月1日　至 20XX年 4月30日

勘定科目	期間繰越	借方金額	貸方金額	期間残高
［売上高］				
一般売上高	¥0	¥0		
ショップ売上高	¥0	¥0		
売上高合計	¥0	¥0		

勘定科目	期間繰越	借方金額	貸方金額	期間残高
［販売管理費］				
役員報酬	¥0		¥0	
給料手当	¥0		¥0	
雑給	¥0		¥0	
法定福利費	¥0		¥0	
福利厚生費	¥0		¥0	
荷造運賃	¥0		¥0	
広告宣伝費	¥0		¥0	
交際費	¥0		¥0	
旅費交通費	¥0		¥0	
通信費	¥0		¥0	
消耗品費	¥0		¥0	
事務用品費	¥0		¥0	
支払手数料	¥0		¥0	
地代家賃	¥0		¥0	
リース料	¥0		¥0	
保険料	¥0		¥0	
租税公課	¥0		¥0	
減価償却費	¥0		¥0	
雑費	¥0		¥0	
販売管理費計	¥0	¥2,656,996	¥0	¥2,656,996

●問題5-4 補助残高一覧表

4月の補助残高一覧表において，下記の勘定科目の金額を集計・表示させ，次の集計表の各項目に金額を記入してみましょう。

設問1 売掛金（補助科目）・・・・・・・・・・・・・・・・・・・・・・・・・・・・・・

《期間》自 20XX年 4月1日　至 20XX年 4月30日

補助科目	期間繰越	借方金額	貸方金額	期間残高
厚木産業㈱	¥2,685,650			
㈲文京食器店	¥1,559,650			
中央産業㈱	¥3,282,300			
㈲市川ストア	¥278,250			
愛知マート㈱	¥1,920,450			
指定なし	¥0			
合計	¥9,726,300			

※「残高0を表示」にチェックを入れる。

設問2 買掛金（補助科目）・・・・・・・・・・・・・・・・・・・・・・・・・・・・・・

《期間》自 20XX年 4月1日　至 20XX年 4月30日

補助科目	期間繰越	借方金額	貸方金額	期間残高
㈱アンデス	¥2,967,700			
アトラス㈱	¥2,570,400			
㈲富士	¥1,255,800			
橋本商会㈱	¥702,450			
オーヤマ㈱	¥404,250			
指定なし	¥0			
合計	¥7,900,600			

※「残高0を表示」にチェックを入れる。

4 月次決算の会計処理（進んだ学習）

企業の内部で利用することが多い月次財務諸表の作成について，月次決算の手続きを確認してみましょう。**（仕訳の練習問題ですので，データ入力はしません）**

● 問題5-5 売上原価の算定①（月初の商品） 解答 PDF P41

下記の商品棚卸金額に従って，月次の決算整理を振替伝票に起票してみましょう。

4月 月初商品棚卸高 ¥4,325,670（前期末棚卸高）

4月 月末商品棚卸高 ¥3,987,654

5月 月末商品棚卸高 ¥4,123,789

当社 愛知商事は3月決算（年1回）であり，会計年度の初めの月である4月末の月次決算整理では，当期首（前期末）の商品棚卸高を「月初商品棚卸高」として，「期首商品棚卸高」勘定の借方に入力するとともに「商品」勘定の貸方に入力します。

振替伝票	日付(D):			
借方科目／補助	借方金額	貸方科目／補助	貸方金額	摘要

● 問題5-6 売上原価の算定②（月末の商品） 解答 PDF P42

会計年度の初めの月である4月末の月次決算整理では，4月末の商品棚卸高を「期末商品棚卸高」勘定の貸方に入力するとともに「商品」勘定の借方に入力します。下記の商品棚卸金額に従って，月次の決算整理を振替伝票に起票してみましょう。

4月 月初商品棚卸高 ¥4,325,670（前期末棚卸高）

4月 月末商品棚卸高 ¥3,987,654

5月 月末商品棚卸高 ¥4,123,789

振替伝票	日付(D):			
借方科目／補助	借方金額	貸方科目／補助	貸方金額	摘要

●問題5-7　売上原価の算定③（翌月末の商品）　解答 PDF P42

　5月末の月次決算整理では，4月末の期末商品棚卸高を振り戻し，5月末の期末商品棚卸高を「期末商品棚卸高」勘定に入力します。下記の商品棚卸金額に従って，5月次の決算整理を振替伝票に起票してみましょう。

4月 月末商品棚卸高　¥3,987,654

5月 月末商品棚卸高　¥4,123,789

振替伝票	日付(D):				
借方科目／補助	借方金額	貸方科目／補助	貸方金額	摘要	

●問題5-8　減価償却の月割計上　解答 PDF P43

　4月末の月次決算整理で，固定資産の減価償却費（月割）は，次の通りです。決算整理を振替伝票に起票してみましょう。

4月 車両運搬具　　¥ 56,000

4月 備　　　品　　¥ 23,000

振替伝票	日付(D):				
借方科目／補助	借方金額	貸方科目／補助	貸方金額	摘要	

※「減価償却累計額」は，「減価累計額」と省略して使用される場合があります。

第6章 入力練習 (ラフィオーレ第4期 5月度)

ダウンロードした学習用データを復元して使用します。〈P51参照〉

第4章，第5章での入力処理に引き続いて，5月の証ひょう類から振替伝票を起票し，入力処理します。

第6章 入力練習（ラフィオーレ第4期 5月度）

1 証ひょうにもとづく起票とデータ入力

⌨ 入力練習 「株式会社ラフィオーレ6章（4期）」（再振替仕訳入力済）の学習用データを復元して使用します。〈P51参照〉
※第4章，第5章で入力した会計データに続けて第6章を入力する場合は，P189の再振替仕訳を入力してください。

● 問題6-1 起票とデータ入力 [解答PDF P44]

5月の証ひょうにもとづいて，振替伝票に起票し，会計データを入力してみましょう。

5月1日

①《ショップ売上》レジスタの合計を集計し，データを入力します。

レジスタ売上集計表			20××.5.01
商品コード	個数	税抜単価	売上代金
CUP-TKS-0002	10	@¥8,750	¥87,500
		消費税額	¥8,750
合計　売上高			¥96,250

振替伝票　日付(D)：

借方科目／補助	借方金額	貸方科目／補助	貸方金額	摘要

5月2日

①《ショップ売上》レジスタの合計を集計し，データを入力します。

レジスタ売上集計表			20××.5.02
商品コード	個数	税抜単価	売上代金
CUP-TKS-0002	5	@¥8,750	¥43,750
CUP-XCB-0003	5	@¥14,000	¥70,000
		消費税額	¥11,375
合計　売上高			¥125,125

振替伝票　日付(D):

借方科目／補助	借方金額	貸方科目／補助	貸方金額	摘要

②《**掛売上**》商品は四葉運輸㈱へ発送を依頼しました。（発送費 税込17,600円 以下省略）

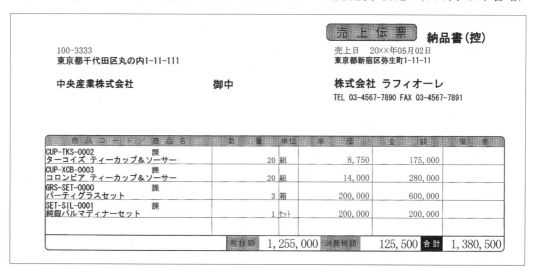

振替伝票　日付(D):

借方科目／補助	借方金額	貸方科目／補助	貸方金額	摘要

(注) 四葉運輸㈱の発送費は，20日締めの合計請求書を受け取った時に当月分の発送運
賃を「荷造運賃」勘定の借方と「未払金」勘定（補助科目：荷造運賃）の貸方に入力処
理しているので，発送依頼時には仕訳（入力）しません。（月締め，請求書払い）

③《掛仕入》納品書をもとにデータを入力します。

| 納 品 書 20××年 5月 2日 | | | | | No. _____ |

（株）ラフィオーレ 様
下記のとおり納品いたしました

横浜市 みらい区
オーヤマ株式会社

	品　　　　名	数 量	単 価	金 額 （ 税抜・税込 ）	摘　　要
1	ピノン マグカップ	20	1,250	25000	
2	オリエント マグカップ	50	2,100	105000	
3					
4					
5					
6					
7					
	合　　　　計			130000	

| 税 率 | 10 % | 消費税額 等 | 13,000 | 税込合計金額 | ￥143,000 |

振替伝票　日付(D)：_____

借方科目／補助	借方金額	貸方科目／補助	貸方金額	摘要

④《**経費の支払**》プリンタトナーを現金購入しました。(「事務用品費」勘定で処理する)

```
領 収 証    株式会社 ラフィオーレ    様  No._____

        ★  ¥7,150-
         但 プリンタトナー代として
      令和○年 5 月 2 日  上記正に領収いたしました

              内 訳
収入     税抜金額  ¥6,500        新宿区弥生町8-16-1
印紙     消費税額等(10%) ¥650   ヤヨイカメラ株式会社
                              登録番号:T*************
```

振替伝票	日付(D):				
借方科目／補助	借方金額	貸方科目／補助	貸方金額	摘要	

5月3日

①《**ショップ売上**》レジスタの合計を集計し，データを入力します。

レジスタ売上集計表			20××.5.03
商品コード	個数	税抜単価	売上代金
MAG-XTO-0002	5	@¥4,200	¥21,000
MAG-XTO-0003	5	@¥3,000	¥15,000
CUP-TKS-0002	5	@¥8,750	¥43,750
		消費税額	¥7,975
合計 売上高			¥87,725

振替伝票	日付(D):				
借方科目／補助	借方金額	貸方科目／補助	貸方金額	摘要	

② 《掛売上》商品は四葉運輸㈱へ発送を依頼しました。

売 上 伝 票 **納品書（控）**

112-1111
東京都文京区後楽園7-7-707

売上日　20××年05月03日
東京都新宿区弥生町1-11-11

有限会社　文京食器店　　　　御中

株式会社 ラフィオーレ
TEL 03-4567-7890 FAX 03-4567-7891

商品コード／商品名	数 量	単位	単 価	金 額	備 考
CUP-TKS-0002　　　　課 ターコイズ ティーカップ＆ソーサー	4	組	6,125	24,500	
CUP-XCB-0003　　　　課 コロンビア ティーカップ＆ソーサー	5	組	9,800	49,000	
GRS-SET-0000　　　　課 パーティグラスセット	1	箱	140,000	140,000	
税抜額	213,500	消費税額		21,350	合計 234,850

振替伝票　　日付(D)：

借方科目／補助	借方金額	貸方科目／補助	貸方金額	摘要

5月4日

① 《ショップ売上》レジスタの合計を集計し，データを入力します。

レジスタ売上集計表　　　　　20××.5.04

商品コード	個数	税抜単価	売上代金
MAG-XTO-0001	5	@¥2,500	¥12,500
MAG-XTO-0002	5	@¥4,200	¥21,000
CUP-SOT-001	3	@¥4,000	¥12,000
MAG-XTO-0003	5	@¥3,000	¥15,000
		消費税額	¥6,050
合計　売上高			¥66,550

振替伝票　　日付(D)：

借方科目／補助	借方金額	貸方科目／補助	貸方金額	摘要

②《夜間金庫への入金》手もとの現金を普通預金（赤坂銀行）の夜間金庫へ入金します。

夜間金庫入金票

口座番号	1 9 6 0 7 2 8	店番		本支店勘定	日 付 20XX年5月4日
受入金額		
おところ	東京都新宿区弥生町1丁目11番11号				
おなまえ	（株）ラフィオーレ 様				

受入金額

1万円	30 0	0 0 0
5千円		0 0 0
2千円		0 0 0
千円		0 0 0
500円		0 0
100円		0 0
50円		0
10円		0
5円		0
1円		0
計	¥ 300	000

お届け印

金額の頭部に¥マークをおつけください。

金額　十億　　百万　¥ 3 0 0 0 0 0 円

振替伝票	日付(D):				
借方科目／補助	借方金額	貸方科目／補助	貸方金額	摘要	

5月5日

①《ショップ売上》レジスタの合計を集計し，データを入力します。

レジスタ売上集計表			20XX.5.05
商品コード	個数	税抜単価	売上代金
MAG-XTO-0001	10	@¥2,500	¥25,000
MAG-XTO-0002	5	@¥4,200	¥21,000
		消費税額	¥4,600
合計　売上高			¥50,600

振替伝票	日付(D):				
借方科目／補助	借方金額	貸方科目／補助	貸方金額	摘要	

②《掛仕入》納品書をもとにデータを入力します。

| | 納　品　書 | 売上日　20××年05月05日 |

123-1111
東京都新宿区弥生町1-11-11

101-1111 東京都千代田区神保町1-1-1

株式会社ラフィオーレ 様

株式会社 アンデス

商品コード/商品名	数量	単位	単価	金額	備考
SET-SIL-0001 純銀パルマディナーセット	10	セット	100,000	1,000,000	課
MAG-XTO-0001 ピノン マグカップ	50	個	1,250	62,500	課
税抜額	1,062,500	消費税額	106,250	合計	1,168,750

振替伝票	日付(D):				
借方科目／補助	借方金額	貸方科目／補助	貸方金額	摘要	

5月6日

①《ショップ売上》レジスタの合計を集計し，データを入力します。

レジスタ売上集計表			20××.5.06
商品コード	個数	税抜単価	売上代金
CUP-XCB-0003	1	@¥14,000	¥14,000
MAG-XTO-0001	10	@¥2,500	¥25,000
MAG-XTO-0003	10	@¥3,000	¥30,000
		消費税額	¥6,900
合計　売上高			¥75,900

振替伝票	日付(D):				
借方科目／補助	借方金額	貸方科目／補助	貸方金額	摘要	

②《掛仕入》納品書をもとにデータを入力します。

納 品 書　　　　　　　　　　　　　　　20××年05月06日

123-1111
東京都新宿区弥生町1-11-11　　　　　　　　　　451-5555 愛知県名古屋市西区西町9-99-111

株式会社　ラフィオーレ　御中　　　　　　　**アトラス株式会社**

毎度お引立て頂きまして有難うございます。

商品コード/商品名	数量	単位	単価	金額	備考
CUP-TKS-0002 ターコイズ ティーカップ＆ソーサー	20	組	4,375	87,500	課
MAG-XTO-0002 オリエントマグカップ	20	個	2,100	42,000	課
MAG-XTO-0003 テルメス マグカップ	20	個	1,500	30,000	課
税抜額	159,500	消費税額	15,950	合計	175,450

振替伝票	日付(D):				
借方科目／補助	借方金額	貸方科目／補助	貸方金額	摘要	

納 品 書　　　　　　　　　　　　　　　令和○年05月06日

123-1111
東京都新宿区弥生町1-11-11　　　　　　　　　400-0000 山梨県甲府市信玄町２－４－４１

株式会社ラフィオーレ　御中　　　　　　　**有限会社　富 士**

TEL 055-456-7777 FAX 055-456-7778

商品コード/商品名	数量	単位	単価	金額	備考
GRS-SET-0000 パーティグラスセット	5	箱	100,000	500,000	課
GRS-TKS-0003 ターコイズ デキャンタ	50	個	15,000	750,000	課
税抜額	1,250,000	消費税額	125,000	合計	1,375,000

振替伝票	日付(D):				
借方科目／補助	借方金額	貸方科目／補助	貸方金額	摘要	

5月7日

① 《ショップ売上》レジスタの合計を集計し，データを入力します。

レジスタ売上集計表			20××.5.07
商品コード	個数	税抜単価	売上代金
MAG-XTO-0003	10	@¥3,000	¥30,000
CUP-SOT-001	10	@¥4,000	¥40,000
		消費税額	¥7,000
合計　売上高			¥77,000

振替伝票　日付(D)：＿＿＿＿＿＿

借方科目／補助	借方金額	貸方科目／補助	貸方金額	摘要

② 《掛売上》商品は四葉運輸㈱へ発送を依頼しました。

243-8888
神奈川県厚木市葉山5-5-555

厚木産業　株式会社　　　　　御中

売 上 伝 票　納品書（控）

売上日　20××年05月07日
東京都新宿区弥生町1-11-11

株式会社 ラフィオーレ
TEL 03-4567-7890 FAX 03-4567-7891

商 品 コ ー ド ／ 商 品 名	数 量	単位	単 価	金 額	備 考
CUP-SOT-001　　　　　　　課 ソフトストロベリーティーカップ＆ソーサー	10	個	4,000	40,000	
CUP-TKS-0002　　　　　　　課 ターコイズ ティーカップ＆ソーサー	10	組	8,750	87,500	
CUP-XCB-0003　　　　　　　課 コロンビア ティーカップ＆ソーサー	10	組	14,000	140,000	
税抜額	267,500	消費税額	26,750	合計	294,250

振替伝票　日付(D)：＿＿＿＿＿＿

借方科目／補助	借方金額	貸方科目／補助	貸方金額	摘要

5月8日

① 《ショップ売上》レジスタの合計を集計し，データを入力します。

レジスタ売上集計表			20××.5.08
商品コード	個数	税抜単価	売上代金
CUP-TKS-0002	5	@¥8,750	¥43,750
CUP-XCB-0003	2	@¥14,000	¥28,000
		消費税額	¥7,175
合計 売上高			¥78,925

振替伝票　日付(D)：

借方科目／補助	借方金額	貸方科目／補助	貸方金額	摘要

② 《掛売上》商品は四葉運輸㈱へ発送を依頼しました。

売上伝票　**納品書（控）**

売上日　20××年05月08日
東京都新宿区弥生町1-11-11

100-3333
東京都千代田区丸の内1-11-111

中央産業株式会社　　　　　御中

株式会社 ラフィオーレ
TEL 03-4567-7890 FAX 03-4567-7891

商品コード／商品名	数量	単位	単価	金額	備考
GRS-SET-0000　　課 パーティグラスセット	2	箱	200,000	400,000	
GRS-TKS-0003　　課 ターコイズ デキャンタ	20	個	30,000	600,000	
		税抜額	1,000,000 消費税額	100,000 合計	1,100,000

振替伝票　日付(D)：

借方科目／補助	借方金額	貸方科目／補助	貸方金額	摘要

5月9日

① 《ショップ売上》レジスタの合計を集計し，データを入力します。

レジスタ売上集計表			20××.5.09
商品コード	個数	税抜単価	売上代金
MAG-XTO-0003	5	@¥3,000	¥15,000
CUP-TKS-0002	5	@¥8,750	¥43,750
		消費税額	¥5,875
合計　売上高			¥64,625

振替伝票　日付(D): _____

借方科目／補助	借方金額	貸方科目／補助	貸方金額	摘要

② 《経費支払(切手の購入)》84円切手を現金で購入しました。

領収書

(株)ラフィオーレ 様

[販売]
84円普通切手
　　　84円　　50枚　　¥4,200

小　計　　　　　　　　¥4,200

課税計(10%)　　　　　　　¥0
(内消費税等(10%)　　　　¥0)
非課税計　　　　　　　¥4,200

合計　　　　¥4,200
お預り金額　　　　　　¥4,200

〒100-8792　日本郵便株式会社
東京都千代田区大手町2－3－1
登録番号　T***********
取扱日時：20××年5月　9日
連絡先：○○郵便局

振替伝票　日付(D): _____

借方科目／補助	借方金額	貸方科目／補助	貸方金額	摘要

③《**仮払い**》出張旅費を現金で仮払いしました。

仮払依頼書

日　付	20××年 5月 9日
氏　名	稲葉浩一郎 ㊞
仮払日	20××年 5月 9日
精算日	年　月　日

仮払金額	¥100,000
合計	¥100,000

残金	

振替伝票	日付(D):				
借方科目／補助	借方金額	貸方科目／補助	貸方金額	摘要	

④《**預金**》手もとの現金を普通預金（赤坂銀行）の夜間金庫へ入金します。

振替伝票	日付(D):				
借方科目／補助	借方金額	貸方科目／補助	貸方金額	摘要	

設問1　5月9日現在の主な残高集計（5月度）・・・・・・・・・・・・・・・

次の集計表の各項目に金額を記入しましょう。

勘定科目	期間繰越	借方金額	貸方金額	期間残高
[現金・預金]				
現金	¥630,036			
当座預金	¥264,356			
普通預金	¥7,531,608			
定期積金	¥1,100,000			
現金・預金合計	¥9,526,000			
[売上債権]				
売掛金	¥6,831,055			
売上債権合計	¥6,831,055			
[有価証券]				
有価証券合計	¥0			
[棚卸資産]				
商品	¥3,432,775			
棚卸資産合計	¥3,432,775			
[他流動資産]				
立替金	¥250,000			
仮払金	¥0			
他流動資産合計	¥250,000			
流動資産合計	¥20,039,830			

勘定科目	期間繰越	借方金額	貸方金額	期間残高
［仕入債務］				
買掛金	¥5,987,575			
仕入債務合計	¥5,987,575			
［他流動負債］				
未払金	¥334,495			
未払費用	¥63,800	¥63,800		¥0
未払法人税等	¥437,000			
未払消費税等	¥399,600			
預り金	¥179,271			
他流動負債合計	¥1,414,166			
流動負債合計	¥7,401,741			

勘定科目	期間繰越	借方金額	貸方金額	期間残高
［売上高］				
一般売上高	¥6,831,055			
ショップ売上高	¥2,381,720			
売上高合計	¥9,212,775			
［売上原価］				
期首商品棚卸高	¥2,281,250			
当期商品仕入高	¥5,987,575			
合計	¥8,268,825			
期末商品棚卸高	¥3,432,775			
売上原価	¥4,836,050			
売上総損益金額	¥4,376,725			
［販売管理費］				
役員報酬	¥500,000			
給料手当	¥918,000			
雑給	¥48,000			
法定福利費	¥193,695			

勘定科目	期間繰越	借方金額	貸方金額	期間残高
福利厚生費	¥5,292			
荷造運賃	¥204,600			
広告宣伝費	¥330,000			
交際費	¥20,350			
旅費交通費	¥91,470			
通信費	¥68,020			
消耗品費	¥3,740			
事務用品費	¥15,675			
支払手数料	¥3,850			
地代家賃	¥143,000			
リース料	¥23,100			
保険料	¥20,900			
租税公課	¥20,000			
減価償却費	¥43,179			
雑費	¥4,125			
販売管理費計	¥2,656,996			
営業損益金額	¥1,719,729			
[営業外収益]				
営業外収益合計	¥0			
[営業外費用]				
支払利息	¥4,113			
営業外費用合計	¥4,113			
経常損益金額	¥1,715,616			
当期純損益金額	¥1,715,616			

設問2 5月9日現在における得意先，仕入先別の集計（5月度）‥‥‥

次の集計表の各項目に金額を記入しましょう。

補助科目	期間繰越	借方金額	貸方金額	期間残高
厚木産業㈱	¥1,905,750			
㈲文京食器店	¥1,040,655			
中央産業㈱	¥3,395,700			
㈲市川ストア	¥253,825			
愛知マート㈱	¥235,125			
合計	¥6,831,055			

補助科目	期間繰越	借方金額	貸方金額	期間残高
㈱アンデス	¥1,388,200			
アトラス㈱	¥1,472,075			
㈲富士	¥2,635,050			
橋本商会㈱	¥266,750			
オーヤマ㈱	¥225,500			
合計	¥5,987,575			

設問3 5月9日現在における普通預金残高の集計（5月度）‥‥‥‥

次の集計表の各項目に金額を記入しましょう。

補助科目	期間繰越	借方金額	貸方金額	期間残高
赤坂銀行	¥1,513,868			
小和銀行	¥5,789,650			
東都信用金庫	¥228,090			
合計	¥7,531,608			

学習の準備

　本書の学習を目的とした「弥生会計 24 プロフェッショナル学習用体験版」,「学習用データ」,「解答・解説(PDF)」は, 弥生株式会社のホームページに用意しています。

　下記URLにアクセスし, ホームページに記載の手順に従ってダウンロードしてご利用ください。

■令和6年度版「弥生会計 24 プロフェッショナル学習用体験版」・「学習用データ」・「解答・解説(PDF)」のダウンロード

► www.yayoi-kk.co.jp/rd/ysc226

弥生会計 24 プロフェッショナル学習用体験版について

・弥生会計 24 プロフェッショナル学習用体験版は, 令和6年度版コンピュータ会計テキストをご購入いただいた個人が自己所有のパソコンにのみインストールすることができます。

・令和6年度版コンピュータ会計テキストの自己学習目的以外の不正利用, 無断譲渡, 転売(転用)を禁止します。

・インストール後, 2025年3月31日まで使用することができます。

・Microsoft Windows 11/10(日本語OSのみ)に対応しています。システム要件の詳細はダウンロードページからご確認ください。

本プログラムは教育機関, 学習指導を行う施設用のプログラムではありません。
教育機関, 学習施設での利用をご希望の際は, 別途「弥生スクール制度」にご加入ください。

基本操作を動画で確認 『弥生会計 スタートアップガイド』

弥生株式会社ホームページで, 弥生会計の使い方を動画でかんたんに解説した「弥生会計 スタートアップガイド」を提供しています。

■「弥生会計 スタートアップガイド」の利用方法

1　クイックナビゲータの[ガイド]から[動画で使い方を見る]をクリックします。

2　ブラウザーで「弥生会計 スタートアップガイド」のページが表示されます。

3　確認したいタイトルをクリックすると, 動画が再生されます。

★クリックすると「弥生会計サポート情報」ページが表示されます。

※https://www.yayoi-kk.co.jp/startupguide/account/

学習用データのダウンロードについて

1 初級テキスト・問題集のデータダウンロードページから［ダウンロード］をクリックして学習用データを一括ダウンロード（zipファイル形式）します。

2 ダウンロードするファイルは、「C:¥Users¥○○○○¥Documents」(★)に保存するか、一旦「デスクトップ」などわかりやすい場所に保存し、「C:¥Users¥○○○○¥Documents」(★)に移動します。
（★：○○○○は、ユーザー名などが入ります）

3 ダウンロードした「elementary-r6-data.zip」を解凍します。解凍されたフォルダ内に「R6初級学習用データ」「R6初級解答・解説」フォルダが作成されます。

※解凍先が指定できる場合は、「ドキュメント」フォルダを指定します。
「R6初級学習用データ」「R6初級解答・解説」フォルダが、「elementary-r6-data」フォルダ内に解凍された場合は、「ドキュメント」フォルダに移動します。

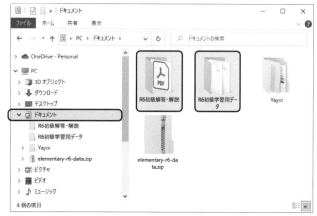

※Windowsの[スタート]ボタンを右クリックし、エクスプローラーを起動すると「ドキュメント」フォルダを確認することができます。

■**学習用データ＜会計データ対象製品／弥生会計 24 プロフェッショナル＞**

テキスト	学習用データ	テキスト	学習用データ
第2章	株式会社ラフィオーレ2章（4期） フローラ食器株式会社2章練習問題（20期）	第5章	株式会社ラフィオーレ5章（4期） 株式会社ラフィオーレ5章解答（4期） 株式会社ラフィオーレ5章練習問題（4期）
第3章	株式会社ラフィオーレ3章（4期） 株式会社ラフィオーレ3章練習問題（4期）	第6章	株式会社ラフィオーレ6章（4期）
第4章	株式会社ラフィオーレ4章（4期） 株式会社ラフィオーレ4章解答（4期）	解答・解説	初級テキスト・問題集_解答・解説pdf

≪**学習用体験版インストールに関するお問い合わせ**≫

●弥生株式会社　カスタマーセンター
TEL：**050-3388-1000**（IP電話）
（受付時間 9:30～12:00／13:00～17:30 土・日・祝日、および弊社休業日を除きます）

≪**本書に関するお問い合わせ**≫ ※弥生会計の操作・本書の設問に対する個別のご説明は承っておりません

●弥生株式会社　弥生スクール事務局
TEL：**03-5207-8849**
（受付時間 9:30～12:00／13:00～17:30 土・日・祝日、および弊社休業日を除きます）

●お問い合わせフォーム
www.yayoi-kk.co.jp/rd/yscysin

・ご注意 ：①本書の内容の一部または全部を無断転載することは禁止されています。

②本書の内容に関しては訂正・改善のため，将来予告なしに変更することがあります。

③本書の内容について万全を期して作成いたしましたが，万一ご不審な点や誤り，
記載漏れなどお気づきのことがありましたら，当社にご連絡ください。

コンピュータ会計　初級テキスト・問題集　令和6年度版

2007年　1月　1日 初版第一刷
2024年　2月 20日 十八版第一刷

・発行所 ：弥生株式会社

〒101-0021 東京都千代田区外神田4-14-1　秋葉原UDX 21F

www.yayoi-kk.co.jp

・発　売 ：実教出版株式会社

〒102-8377 東京都千代田区五番町5

Tel. 03-3238-7777

・ご注意 ：①本書の内容の一部または全部を無断転載することは禁止されています。

②本書の内容に関しては訂正・改善のため，将来予告なしに変更することがあります。

③本書の内容について万全を期して作成いたしましたが，万一ご不審な点や誤り，
記載漏れなどお気づきのことがありましたら，当社にご連絡ください。